Gero Vogl

Klein-Wien – Eine deutsche Sprachinsel in Österreichisch Schlesien

Gero Vogl

Klein-Wien – Eine deutsche Sprachinsel in Österreichisch Schlesien

Bielitz und sein letzter deutscher evangelischer Pfarrer

Frank & Timme
Verlag für wissenschaftliche Literatur

Umschlagabbildung: Marek Kocjan, *Der Bielitzer Zion, Bielsko-Biała, Bielski Syjon.* CC BY 3.0

ISBN 978-3-7329-0946-9
ISBN E-Book 978-3-7329-8999-7

Herstellung durch Frank & Timme GmbH,
Wittelsbacherstraße 27a, 10707 Berlin.
Printed in Germany.
Gedruckt auf säurefreiem, alterungsbeständigem Papier.

www.frank-timme.de

Inhaltsverzeichnis

Porträt
Pfarrer Dr. Richard Ernst Wagner

An der nordöstlichsten Ecke von Österreichisch Schlesien lag die deutsche Sprachinsel Bielitz und schon auf galizischer Seite die Schwesterstadt Biala, auch großteils deutschsprachig bis 1918. Richard Ernst Wagner ist 1883 in Skotschau geboren, einem Städtchen ungefähr 20 Kilometer westlich von Bielitz, und hatte dort ein Häuschen, in dem er und später auch seine Familie gerne weilten. Nach Theologie- und Philosophie-Studien in Wien, Straßburg und Berlin übernahm Wagner das evangelische Pfarr-Vikariat in Biala. Wagners liberale Predigten machten großen Eindruck, daher wurde er schon 1914 als Pfarrer in die „ur-evangelische" Stadt Bielitz, das „Auge des Protestantismus in Österreich" berufen, zuerst als 2. Pfarrer und nach zwei Jahren an der Karpatenfront ab 1923 als 1. Pfarrer.

In Wagners Pfarrkanzlei fanden sich unveröffentlichte Predigt-Manuskripte seiner Vorgänger seit dem Toleranzpatent von 1792 und auch die Einweihungspredigt der in der Gegenreformation den Protestanten wieder entzogenen Dreifaltigkeitskirche in der Reformationszeit im Jahr 1608. Wagner gab die Predigten 1922 im *Bielitzer Zion in den Predigten seiner Pastoren 1782 bis 1921* heraus, ergänzt um seine Recherchen über Leben und Zeitumstände für jeden der Pfarrer. Wagners Hauptwerk aber ist *Das Buch der Bielitz-Bialaer Chronika,* für welches er Stadtchroniken aufspürte, die vermutlich in den Turbulenzen des 20. Jahrhunderts verloren gegangen wären, und diese ausführlich kommentierte. Die Chroniken zeigen die lückenlose Geschichte des evangelischen Bielitz seit der Reformation, kaum geschwächt durch mehr als hundert Jahre im Untergrund zur Zeit der Gegenreformation. Dieses Buch dient den evangelischen Gemeinden im heutigen Bielsko-Biała als unschätzbare Grundlage für ihre Geschichte.

Für die deutschsprachigen evangelischen Bielitzer, die auch nach dem Anschluss an Polen nach dem ersten Weltkrieg die wirtschaftlich potenteste Klasse der Bielitzer Tuchfabrikanten darstellten und großteils evangelisch waren, wie auch für die nicht wenigen jüdischen Industriellen, die in die deutsche Kultur integriert waren, war die Veränderung aus Subjekten des österreichischen Kaiserhauses zu polnischen Bürgern mit erheblichen Schwierigkeiten verbunden, und auch Wagner litt unter der Willkür der politischen und kirchlichen Behörden. 1939 folgte der Anschluss an Deutschland, der nur scheinbar vorerst eine Entspannung für die deutschen Bielitzer erbrachte.

Beim Einmarsch der sowjetischen Armee 1945 und der Wiederherstellung des polnischen Staates wurden ohne Unterschied Deutsche verhaftet, und auch Wagner, der seine Gemeinde nicht verlassen sondern in schwerster Zeit weiterhin seelsorgerlich betreuen wollte, erlitt dieses Schicksal. Seine Aufzeichnungen aus den Monaten vor seiner Inhaftierung und die Berichte von Leidensgenossen aus dem polnischen Lager sind ergreifend. Wagner hat seine seelsorgerlichen Aufgaben bis zu seinem Tod im Lager erfüllt.

Vorwort

Im alten Österreich, ab 1867 in Österreich-Ungarn, gab es viele Gebiete, in denen ein Sprachengemisch herrschte. Man könnte fast sagen, dass außer in den Alpenländern Oberösterreich, Salzburg, Vorarlberg und in Niederösterreich nirgends nur eine Sprache von der indigenen Bevölkerung gesprochen wurde. In Tirol waren es drei Sprachen, in Kärnten und der Steiermark zwei, in Böhmen zwei, in Mähren und Schlesien drei, in Galizien drei, usw.

Einige Orte waren Sprachinseln im überwiegend anderssprachigen Umland. Meist wurde in den Sprachinseln deutsch gesprochen, von Siedlern, die die jeweiligen Herrscher aus wirtschaftlichen Gründen gerufen hatten. In Westungarn, Siebenbürgen und Schlesien im 13. Jahrhundert, in vielen Gebieten der seit 1867 ungarischen Reichshälfte der Habsburger-Monarchie, in der „Schwäbischen Türkei", in der Batschka und im Banat nach den Türkenkriegen im 18. Jahrhundert.

Eine dieser Sprachinseln war besonders interessant, weil sie seit ihrer Gründung im 13. Jahrhundert bis weit in das 19. Jahrhundert im polnischsprachigen Umland fast rein deutschsprachig geblieben war. Es war Bielitz mit seiner Schwesterstadt Biala und den umliegenden zehn Dörfern. Die Menschen dieser Sprachinsel kennzeichnete noch eine weitere Besonderheit: zumindest die Bielitzer, im 16. Jahrhundert in der Reformation vollständig lutherisch geworden, waren durch die Gegenreformationszeit hindurch im Geheimen zu guten Teilen evangelisch geblieben und bekannten dies offen nach dem Toleranzpatent von Josef II., während das fernere Umland katholisch blieb.

Bielitz-Biala war und wurde besonders im 19. Jahrhundert eine prosperierende Textilstadt mit fast hundert Betrieben, und ihre reichen Bürger wetteiferten mit Wien beim Bau ihrer Häuser und öffentlichen Gebäude. Bielitz wurde deshalb oft „Klein-Wien" genannt.

Bielitz-Biala war in zweifachem Sinn ein Unikum: eine Sprachinsel und eine Religionsinsel. Im 19. Jahrhundert, mit der Industrialisierung und dem Zuzug aus dem polnischsprachigen katholischen Umland schwächte sich der Inselcharakter ab, er blieb jedoch sogar nach dem Zerfall der Monarchie abgeschwächt erhalten, bis der 2. Weltkrieg die Sprachinsel auslöschte, die Religionsinsel nicht ganz.

Die Geschichte diese interessanten Stadt in turbulenten Zeiten steht im Zentrum dieser Schrift, und wird beleuchtet durch die Geschichte des Mannes, der sie nach alten Aufzeichnungen im Einzelnen aufgedeckt hat, des Historiografen der Stadt, Pfarrer Dr. Richard Ernst Wagner.

Hier versuche ich, nach den Erinnerungen meiner Mutter Hedda Vogl, der Tochter von Pfarrer Richard Ernst Wagner und Wagners eigenen Schriften und Träumen ein Bild eines außergewöhnlichen Menschen in der außergewöhnlichen Sprach- und Religionsinsel Bielitz zu zeichnen. Meine Mutter hat für ihre Nachkommen sehr anschauliche Aufzeichnungen hinterlassen und über ihre Jugend einen bewegenden Artikel in einer Monografie verfasst. Ich lasse an vielen Stellen meine Mutter erzählen und zitiere direkt aus Wagners Büchern. Wagner hat Tagebuch geführt, doch in den Turbulenzen des Jahres 1945 und in der Nachkriegszeit sind seine Aufzeichnungen im evangelischen Pfarramt Bielitz verloren gegangen. Nur seine Notizen aus den Monaten Februar bis Mitte Mai 1945 hat der Sekretär der Pfarre Bielitz bei seiner Flucht im Herbst 1945 nach Österreich mitgebracht. Manches in den folgenden Kapiteln ist daher Rekonstruktion aus den vielen Erzählungen von Wagners Witwe Camilla. Kommentare und Interpretationen sind von mir, der ich meinen Großvater nicht mehr bewusst kennenlernen konnte.

Ich denke, die Berichte und Zitate lassen ein Bild einer Persönlichkeit und der Stadt Bielitz, dieser ehemals östlichsten Stadt des Römisch-Deutschen Reichs und anschließend der östlichsten Stadt Österreichisch Schlesiens entstehen. Wagners Einstellung charakterisiert ein Satz aus den *Beigaben* zu seinem Hauptwerk, dem *Buch der Bielitz-Bialaer Chronika*: „Unsere deutsch-polnisch-ostschlesische Kultur ist ein seit vielen Jahrhunderten hier Gewordenes."

Ich meine, sowohl die Geschichte der deutschen Sprachinsel Bielitz seit der Reformation wie auch die Geschichte des Protestantismus in Bielitz, die beide von Wagner dokumentiert wurden, wie auch Wagners eigene Geschichte sind per se von Interesse.

Doch ich hoffe noch auf mehr: Dieses Buch will mithelfen, tragische Perioden Mitteleuropas zu entdecken, um vielleicht für die Zukunft aus den Fehlern der Geschichte zu lernen. Ich gebe zu: vor zu großer Hoffnung sollte gewarnt werden.

Gero Vogl

1 Annäherung an Bielitz

Es war Mitte der Sechzigerjahre des vergangenen, des zwanzigsten, Jahrhunderts. In unserer Familie gab es das erste Auto, einen VW-Käfer, und meine Mutter beschloss, zusammen mit mir und meiner etwas jüngeren Schwester in ihre Geburtsstadt Bielitz zu fahren und ihren beiden Kindern die Stätten ihrer Jugend zu zeigen: das Pfarrhaus, in dem sie aufgewachsen war (und in dem ich geboren wurde), die große evangelische Kirche, den Alten Evangelischen Friedhof, die Stadt Bielitz und das Städtchen Skotschau, aus dem ihr Vater, Pfarrer Richard Ernst Wagner, stammte.

1 Der Ostteil von Österreichisch Schlesien, auch Österreichisch Ostschlesien, Teschner Schlesien oder Beskidenland genannt, am Ende der Österreichisch-Ungarischen Monarchie. Bielitz (heute Bielsko-Biała) lag am östlichen Rand von Österreichisch Ostschlesien, Teschen (Cieszyn) in seiner Mitte, Skotschau (Skoczów) gerade zwischen den beiden größeren Städten. Biala (heute Ortsteil von Bielsko-Biała) lag in Galizien, nur der kleine Fluss Bialka (heute Biała) trennte Biala von Bielitz. Aus: https://de.wikipedia.org/wiki/Datei:Oesterreichisch_Schlesien1880.png.

Ohne besondere Schwierigkeit kamen wir von Bratislava bis zur polnischen Grenze in Teschen/Český Těšín/Cieszyn, doch an dieser inneren Grenze zwischen zwei sowjetischen Satellitenstaaten, einer sogenannten „Friedensgrenze", stauten sich die Autos stundenlang. Endlich waren wir bis zum polnischen Grenzwächter avanciert, aber jetzt begannen die Schikanen.

Eine aktuelle Straßenkarte der Schweizer Firma Kümmerle und Frey war im offenen Handschuhfach unseres Käfers sichtbar, und der Grenzer begehrte sie zu sehen. Die Karte zeigte – wie das auch Schweizer Karten in dieser Zeit noch taten – die Grenzen Deutschlfands in der Zeit vor dem 2. Weltkrieg: Deutschland reichte mit Schlesien nach Südosten bis knapp vor Kattowitz, was dem Mann nicht gefallen durfte.

„Die Karte muss ich vernichten", sagte er in einer Mischung aus Polnisch und Deutsch.

„Wir brauchen die Karte, um uns nicht zu verirren", wand ich ein.

Ein langer Wortwechsel entspann sich, ich bemühte mich, höflich aber penetrant zu bleiben.

„Die historischen polnischen Grenzen sind an Oder und Neiße, und dort sind sie auch heute", beharrte der Grenzer, historisch nicht ganz sattelfest.

Schließlich schlug ich vor, die wertvolle Karte zu teilen, sozusagen eine salomonische Lösung: die ehemals deutschen und heute polnischen Gebiete würden wir mit einer Schere ausschneiden und dem Grenzer übergeben. Den Rest der Karte würden wir behalten.

Ein Vorgesetzter wurde geholt, und tatsächlich einigten wir uns entlang dieser Scherenschnitt-Grenze. Die beschnittene Karte existiert auch heute noch als ganz besonderes Kuriosum in meiner Kartensammlung „Mittel-Ost-Europa".

In Bielitz waren die Begegnungen mit Mitgliedern der Kirche freundschaftlich, doch spürte man die Zurückhaltung, die das kommunistische Regime den Bürgern im Umgang mit Ausländern auferlegt hatte.

„Nein, von Ihrem Großvater Pfarrer Dr. Wagner sind mir keine Aufzeichnungen bekannt", antwortete der evangelische Pfarrer, meiner diesbezüglichen Frage ausweichend.

Die Gebäude am Bielitzer Zion waren mit ausländischer evangelischer Hilfe renoviert, ja sogar an die Stelle einer der wenigen Kriegsruinen war ein modernes Pfarrheim gebaut worden. Doch insgesamt wirkten Häuser und Straßen von Bielitz heruntergekommen, das Tor zum Alten Evangelischen Friedhof war versperrt, uns wurde gesagt, man hätte deutsche Inschriften ausgemeißelt, und die Gräber wären verwahrlost. Ich konnte die alten ehemaligen Bielitzer verstehen, die solche Reisen in ihre alte Heimat vermieden, doch für mich war es einfach eindrucksvoll wahrzunehmen, wie ein Land sich verändern kann. Wir hatten den Eindruck einer allgemeinen Resignation.

Etwa zehn Jahre später war ich auf einer kleinen Tagung in Ustron im obersten Weichsel-Tal, etwa zwanzig Kilometer südwestlich von Bielitz, einem „workshop", den polnische Kollegen organisiert hatten. Ich sprach über ein physikalisches Fachthema, doch leitete ich meinen Vortrag mit einer spontan selbst gezeichneten Karte der Österreichisch-Ungarischen Monarchie ein, auf der ich zeigte, wie verknüpft doch das östliche Mitteleuropa vor sechzig Jahren gewesen war. Ich hatte etwas Bauchweh gehabt, solche Geschichte zu präsentieren, doch die Resonanz war überraschend und überschwänglich. Die deprimierte Stimmung war bei den jungen Polen (und Ungarn und Tschechen) einer „mitteleuropäischen" Zukunftshoffnung gewichen. Noch heute spricht mich mancher mittlerweile alte Kollege auf diese historische (und vielleicht zugleich prognostische) Karte an.

Und dann kam die Wende. Ich habe sie weder im Berlin erlebt noch in Bielitz sondern im staunenden Wien, doch spiegelt folgende Begebenheit am aufgelösten „Eisernen Vorhang" die Stimmung dieser Aufbruchszeit wieder.

In den frühen Neunzigerjahren des 20. Jahrhunderts waren Österreich und Tschechien dabei, ihre gemeinsame Grenze zu öffnen und bis dato gesperrte Grenzübergänge mit recht verkommenen und verwachsenen Vorkriegsstraßen freizugeben. Eines dieser Sträßchen überquert die Grenze vom österreichischen Dorf Schrattenberg im nördlichen Weinviertel in Richtung zum tschechischen Valtice/Feldberg. Auf österreichischer Seite wurde die Öffnung schon monatelang angekündigt, und so beschlossen meine Frau und ich, ein schönes Frühlingswochenende im Jahr 1993 zu nutzen und diesen Übergang mit dem Rad schon zwei Wochen vor der feierlichen Eröffnung auszuprobieren, um anschließend die südmährischen Schösser zu besuchen. Auf österreichischer

Seite gibt es einen kraftzehrenden Anstieg, und ich war auf dem Rad früher als meine Frau am bereits offenen Grenzübergang mit einem anscheinend funktionslosen Häuschen. Als ich schon hundert Meter in Tschechien war, hörte ich hinter mir Geschrei: aus dem offenbar doch bemannten Häuschen waren zwei Männer gestürzt, die meine Frau aufhielten.

In bald fehlerfreiem Deutsch mit dem gemütlichen tschechischen Akzent redete einer heftig auf meine Frau ein und hinderte sie am Weiterfahren. Ich kehrte um.

„Was glauben Sie denn, das ist eine geschlossene Grenze!"

„Aber, sie ist doch offen, ich bin gerade drübergefahren", erwiderte ich.

„Nein, das war verboten. Vor Kurzem wären sie da erschossen worden", beharrte der Grenzer.

„Aber Sie haben mich doch nicht erschossen, diese Veränderung ist doch sehr erfreulich", wand ich ein. Der Grenzer zögerte, dachte offenbar nach, wie er mit dieser Situation zurechtkommen könnte.

„Pass her!", schnauzte er mich schließlich rüde an und blätterte dann in meinem Pass.

Plötzlich erhellte sich sein Gesicht: „Aus Wien!!!"

Und dann: „Herr Doktor aus Wien! Willkommen in der tschechoslowakischen Republik!" (Wie gut es doch manchmal sein kann, dass die Titel-versessene österreichische Bürokratie auf akademische Titel im Pass besteht).

„In der tschechischen" korrigierte ich unhöflich, denn die beiden Bruderländer hatten sich eben getrennt.

„Willkommen in der tschechischen Republik", verbesserte er sich; da mussten wir alle lachen, und der Grenzübertritt konnte erfolgen. Gerade, dass uns die Herren nicht auf einen Sliwowitz eingeladen haben.

So hatten sich Mitteleuropa und die Haltung seiner Menschen mit dem Fall des Eisernen Vorhangs verändert!

Bei späteren Besuchen in Bielitz konnten wir die zunehmende Sanierung der Stadt verfolgen, mit den renovierten Gründerzeit- und Jugendstil-Häusern mauserte sie sich allmählich wieder zu „Klein-Wien".

2017 hat die evangelische Gemeinde Bielsko-Biała zum 500 Jahr-Jubiläum der Reformation ein eindrucksvolles Buch zur Geschichte des Protestantismus in Bielitz und Umgebung (der ehemaligen evangelisch-deutschen Insel) herausgegeben: *Pod znakiem róży nad Białą, Im Zeichen der Rose über der Bialka (PZR).* Dort schreiben die Autoren:

> Für die Geschichte der Stadt war die journalistische und historische Tätigkeit von Pastor Dr. R. E. Wagner von großer Bedeutung. In den Jahren 1926–1940 veröffentlichte er die an die örtlichen Gemeinden gerichtete „Neue Evangelische Kirchenzeitung" mit der historischen Beilage „Unsere Heimat" anstelle der österreichischen „Evangelischen Kirchenzeitung". Die Krönung seiner Werke war die Veröffentlichung einer Sammlung historischer Quellen „Das Buch der Bielitz-Bialaer Chronika im Jahr 1938."

Kann dies bedeuten, dass auch das allgemeine Geschichtsbewusstsein zunimmt, ein weiteres Anliegen und ein Traum des Heimatforschers Wagner? Ich werde Wagners Anliegen in den folgenden Kapiteln sichtbar zu machen versuchen, und auch seine gelegentliche Skepsis, dass seine Forschungen Resonanz finden und im Bewusstsein bleiben würden.

2 Die Geschichte des evangelischen Bielitz

Ernestus Otipkas Mahnung (ca. 1720):
Was die Vorfahren erlebt haben,
nicht dem Vergessen anheimfallen lassen!

Richard Ernst Wagners Wappenspruch

Was schickst du spähend deinen Blick
In dämmernd ferne Zukunftsweiten?
Warum schaust träumend du zurück
In demutsvolle Trauerzeiten?
Der Sonne nach! den Wolkenfetzen fluchend,
Das Land der Freiheit mit der Seele suchend,
So leb'! und pflücke deinen Tagen
Traumlos und abgewendet müdem Klagen das Beste ab!
Auf dich allein und deine Kraft kommts an
Erweise Dich! Harr aus! Beeil Dich! Sei ein Mann!

Aus: R. E. Wagner, *Der Bielitzer Zion in den Predigten seiner Pastoren 1782–1921*

2.1 Von der Reformation über die Gegenreformation zur Religionstoleranz

Wagner schreibt in seinem ersten Buch, dem *Bielitzer Zion in den Predigten seiner Pastoren 1782–1921 (BZ):*

> Der Protestantismus in Schlesien ist so alt als die Reformation selbst. Unter dem Piasten-Herzog Kasimir II. von Teschen fand das Luther-

tum im Teschnerischen Eingang. Als sein Enkel Wenzel Adam II. (1523–1579) zur Regierung kam, hielt er es nicht für schlecht, selbst Protestant zu sein.

Zur Zeit von dessen Sohn Friedrich Kasimir, dem sein Vater Bielitz und Skotschau von Teschen getrennt und als sogenannte „Minderstandsherrschaft" abgetreten hatte, gab es bereits 50 evangelische Kirchen im piastischen Schlesien. Wagner schreibt: *Seit 1560 gilt unser Schlesierland als durchaus protestantische Landschaft.*

Die Teschner Piasten hatten sich hoch verschuldet und mussten die Minderstandsherrschaft verkaufen.

> Wagner schreibt weiter: 1582 ging sie in die Hände des Grafen Adam Schaffgotsch über, dessen Geschlecht gut evangelisch war. Von diesem Adam Schaffgotsch lässt sich die evangelische Bürgerschaft der Stadt Bielitz, um in ihrem Religionsbekenntnis geschützt zu sein, ein Religionsprivilegium ausstellen, das sogenannte Privilegium „Begnadung über die Religion", gegeben am 4. August 1587 für alle Zeiten verbindlich, auch für die Nachfolger des Ausstellers gesiegelt und gefertigt, auch heute noch vorhanden, seinerzeit aber kaum 50 Jahre lang in Kraft gewesen – –!

Wagner macht zwei Gedankenstriche und ein Rufzeichen. Wir können versuchen, seine Gedanken zu erraten: auch nach dem Ersten Weltkrieg wurden manche Auflagen nicht eingehalten, die die Siegermächte den Nachfolgestaaten der Österreichisch-Ungarischen Monarchie für die Behandlung ihrer Minderheiten erteilt hatten.

Seit der Reformation war Bielitz evangelisch, ursprünglich mit überwältigender Mehrheit. Doch wie Wagner im Folgenden ausführt, war das Religionsprivilegium bald das Papier nicht mehr wert, auf dem es geschrieben worden war.

> Dieses Religionsprivilegium war seinerzeit eine wichtige Urkunde und ist eine wichtige Urkunde geblieben. Die Rechte und Vorrechte freilich,

die darin verbrieft erscheinen, wurden in den Zeiten der Nachfahren des Grafen Adam Schaffgotsch gar rasch in Unrecht verwandelt – nicht von den Besitzern und Schlossherrn der Herrschaft Bielitz sondern von deren Oberlehensherren, von den Habsburgern … – wie etwa Verträge und verbriefte Rechte zuweilen heutigen Tages von den Herren dieser Frist gewertet werden. Und wenn man auch das böse Wort von den „geschriebenen Verträgen, die ein Fetzen Papier sind", damals noch kaum gekannt hat, damals salvierte man sich mit der Phrase „andere Herren, andere Rechte". Man sagte „cuius regio, illius religio": wer das Regiment im Land hat, bestimmt auch die Religion seiner Untertanen! Wie denn in jenen Zeiten die religiöse Sache, ja die Religion selbst, bei Freund und Feind vielfach zu einem „Politicum" gemacht ward, und die Kaiser und Könige, die Fürsten und Herren jener Tage der Meinung huldigten und des Glaubens waren, dass ihre „Untertanen" in Sachen der Religion „ihren Herren nachfolgen" mussten. Dass die damaligen katholischen Fürsten in diesen Belangen auch nicht im mindesten anders dachten als die protestantischen gedacht und gehandelt haben, das wissen wir aus der Geschichte der habsburgischen Gegenreformation zur Genüge.

Was unsere schlesische Heimatgeschichte anlangt, so fließen für den nächstfolgenden Zeitraum die Quellen noch gar spärlich … Unter den Dokumenten aus dieser Zeit ist gründlich aufgeräumt worden. Sie wurden einfach vernichtet; ob sie nun durch Zufall bei den vielfachen damaligen Stadtbränden in den langen Kriegsläuften mitverbrannt sind oder mit Absicht vertilgt wurden: die protestantischen späteren Chronisten sind des Glaubens, dass man hier und dort nach Vernichtung der protestantischen Lehre durch die Gegenreformation von katholisch interessierter Seite bemüht war, auch alle Spuren zu vertilgen, die an diese für die siegreiche Kirche nicht gerade rühmliche Zeit erinnerten. Die katholischen Chronisten wieder führen das Fehlen von Urkunden, von Kirchen- und Matrikelbüchern aus jenen fernen Tagen darauf zurück, dass die Pastoren bei ihrer Vertreibung „aus Bosheit" alles aus früheren Zeiten mitgenommen oder, wo das nicht anging, vertilgt hätten. Die Entscheidung darüber, welche Seite etwa ein größeres Interesse daran gehabt hat, diese uns heute fehlenden Urkunden und Zeugen einer vergangenen Zeit verschwinden zu lassen, mag jetzt dahin gestellt bleiben. Aus kärglichen Überresten – auch Grabsteine können dabei ihre Sprache wieder erhalten! – muss heute die Geschichte jener Tage mühsam entziffert werden.

Das Schaffgotsche Privileg von 1587 aber lässt keine Zweifel zu, dass sich die evangelische Gemeinde in Bielitz stetig und beharrlich entwickelt hat. Herrschaft, Bürgermeister, Rat, die Bürgerschaft der Stadt, die Bewohner der umliegenden Dörfer sind alle bereits protestantisch geworden.

Mit dem Dreißigjährigen Krieg beginnt auch für Schlesien die „Gegenreformation"; in Bielitz setzt sie zu Ende der Zwanzigerjahre des 17. Jahrhunderts (1629) ein; aber die Bürgerschaft dieser Stadt hat ihr evangelisches Bekenntnis über die verderbenbringenden Fluten der Gegenreformation hinübergerettet.

Selbst zur Zeit der größten Bedrängnis starb in Bielitz der evangelische Gottesdienst nicht aus, erfreute sich der evangelische Schulunterricht im Geheimen desto wärmerer Pflege. Eine Stunde von der Stadt entfernt, mitten im Hochwald, gab es ein lauschiges Plätzchen, der „Rasenplan" genannt. Hier reichte der heimlich zugereiste „Prädicant" der versammelten Gemeinde am frühen Sonntagmorgen das heilige Abendmahl. So überdauerte man schwere Jahre oft bitterharter Glaubensverfolgung.

2 Im Jahr 1817 wurde am Ort des Rasenplans im Zigeunerwald dieser Steintisch als Denkmal errichtet. Aus: *EKBB*, Foto Piotr Kenig.

Die schwerste Zeit endete 1709, als die zwischen dem schwedischen König Karl XII. und dem deutschen Kaiser, dem Habsburger Josef I., geschlossene Altranstädter Konvention den Bau einer der sechs sogenannten evangelischen Gnadenkirchen in Teschen ermöglichte, deren Gottesdienste auch von den Bewohnern der Bielitzer Herrschaft aufgesucht wurden.

1781 erließ Kaiser Josef II. das Toleranzpatent für die Nichtkatholiken und gewährte damit den „akatholischen" christlichen Religionen weitgehende Gleichberechtigung. Für die Juden dauerte es noch einige Jahre, bis sie die gleichen Rechte erhielten. Bis weit ins 19. Jahrhundert hinein stellten die Evangelischen dann die Mehrheit in Bielitz, erst durch den Zuzug polnischer Arbeiter im Zug der Industrialisierung im 19. Jahrhundert gewannen die Katholiken ab 1880 die Mehrheit. Die Zugezogenen legten oft ihre polnische Nationalität ab und gaben sich bei den Volkszählungen als deutschsprachig, ihr Bekenntnis jedoch weiterhin als katholisch an.

Ab dem 18. Jahrhundert wanderten Juden vermehrt nach Bielitz ein, zwischen 1880 und 1910 verdoppelte sich ihre Zahl fast (*SORS*) – 1910 waren es 3000 –, während die Zahl der Evangelischen der wachsenden Stadt mit 5000 gleich blieb (39 bzw. 27 Prozent der Gesamtbevölkerung der Stadt).

Bei der Industrialisierung von Bielitz spielten die Juden eine erhebliche Rolle, denn von den Tuchfabriken hatten 1910 fast ein Drittel jüdische Besitzer. Sie wollten in ihrem ganzen Verhalten beweisen, dass sie echte deutsche Österreicher waren. Sie waren dem Kaiser dankbar, dass er ihnen gleiche Rechte wie den Angehörigen anderer Religionen gegeben hatte, und die Regierung in Wien schätzte ihre Loyalität im kriselnden Vielvölkerstaat (*Magier*). Die Mitglieder der nicht-katholischen Religionsgemeinschaften vergaßen die Gunst des Kaisers nicht, und viele erwiesen sich als besonders treue Anhänger des Kaiserhauses. Toleranz war auch die Grundlage in den Beziehungen der Katholiken, Protestanten und Juden in Bielitz.

Shlomo Avineri, israelischer Wissenschaftler und Politiker, als Georg Wiener in Bielitz 1933 geboren, erzählt 2010 in einem Interview des österreichischen Rundfunks (*ORF*), dass die Bielitzer Juden in die deutsche Kultur integriert waren:

> Nach 1918 versuchte die polnischen Regierung Handel und Industrie zu polonisieren. Es wurden viele polnische Siedler nach Bielitz und Umgebung gebracht, um die demografische Substanz der Stadt zu ändern. Deshalb befanden sich in den zwanziger- und dreißiger-Jahren Juden und Deutsche auf derselben Seite.

2.2 Das Buch der Bielitz-Bialaer Chronika

3 Einband des *Buchs der Bielitz-Bialaer Chronika*. Bielitz, Stadttor in vergangenen Zeiten. Helmut Türk.

In diesem Kapitel versuche ich die Entstehung des *Buchs der Bielitz-Bialaer Chronika (BBC)* zu rekonstruieren. Dieses Buch ist zweifellos Wagners Hauptwerk, erschienen erst 1938 nach fast zwanzig Jahren intensiver Beschäftigung mit der Materie. Schon vorher hatte Wagner eine Reihe anderer Schriften verfasst und drucken lassen, u.a. den *Bielitzer Zion in den Predigten seiner Pastoren*, aus dem schon im vorhergehenden Kapitel zitiert wurde und von dem später noch ausführlicher die Rede sein wird. Im *Buch der Bielitz-Bialaer Chronika*, einem dicken Wälzer, der aus recht unterschiedlich gedruckten ursprünglichen Handschriften „zusammengestückelt" ist, sammelt Wagner Chroniken, die er aufspürt, und versieht sie mit ausführlichen historischen Kommentaren.

Für meine Rekonstruktion der Entstehungsgeschichte des Buchs dienen mir die vielen Erzählungen seiner Witwe Camilla und vor allem das Kapitel VII: *Das Inventarium der Pfarrei Bielitz und der dazu gehörigen Kirchen von 1835 nach den Aufzeichnungen weiland des Prälaten Dr. Oppolsky.*

Wagner hat in der *Einführung* zum *Buch der Bielitz-Bialaer Chronika* einen aufschlussreichen und amüsanten Bericht über seinen Findungsprozess dieses *Inventariums der Pfarrei Bielitz* geliefert, einen Vorgang, in den ich mich gedanklich versetze.

Es ist Juli 1921. Wagner ist heute wie meist schon morgens um vier Uhr aufgestanden und aus der Wohnung im ersten Stock des Pfarrhauses in seine Kanzlei hinuntergestiegen. Seine Frau Camilla bittet er im Buch mit dem folgenden Gedicht um Verzeihung.

Frühmorgens, eh' die Hähne krähn,
bin ich am Werk, mein Feld zu mähn.
Wenn andre sich im Bett umdrehn,
lieb ich's, beim Schreibtisch längst zu stehn.

Daß Du mir Solches still gewährst
Und mir mein Spielchen nicht verwehrst,
Dein liebes Dulden also mehrst –
Dankt' ich Dir schon mit manchem Vers.

Man muß sich halt im Leben sputen!
„Im Traum zwar schenkt's der Herr den Guten" …
Uns Andern steht vor'm Früchtebaum
Die Arbeit! – ohne Schlaf und Traum.

Wagner beendet jetzt die Arbeit am *Bielitzer Zion*. Soll er sich auf die Predigten der evangelischen Pastoren beschränken? Soll er die Heimatgeschichte nur aus den ja erst seit dem Toleranzpatent von Josef II. im Jahr 1781 wieder sprudelnden Quellen der evangelischen Gemeinde erschließen?

Wagner berichtet, dass es mittlerweile früher Vormittag geworden ist, und die ersten Besucher sich ankündigen – Bestätigungen, Termine für Taufen und Trauungen. Wagner fasst einen raschen Beschluss: wie er schreibt, zieht er seinen besseren Rock an und begibt sich zum katholischen Stadtpfarrer, Dr. Josef Bulowski, dem Kanonikus ad Sanctum Nicolaum, der fast dreißig Jahre älter ist als der noch jugendliche Wagner. Nach Ritualen der Höflichkeit, die er dem hochwürdigen Herrn Kollegen sehr gern entgegenbringt, rückt Wagner mit seinem Anliegen heraus; er suche nach einer katholischen Kirchenchronik von Bielitz. Er hätte ein Zitat in Anton Peters *Burgen und Schlösser im Herzogtum Teschen* gefunden, das auf ein *Inventarium der katholischen Pfarrei Bielitz* hinweist, zwar nur auf eine Kopie im Besitz von Wagners Vorgänger im Amt des evangelischen Pfarrers, des großen Theodor Haase, aber auch diese Kopie sei in seiner Pfarrei nicht auffindbar. Wagner ist zuversichtlich, dass der Herr Kanonikus sich nicht verweigern würde, er hatte mit ihm gemeinsam vor wenigen Jahren dem letzten Habsburgerkaiser am Bielitzer Ringplatz gehuldigt, und Bulowski war Wagner immer freundlich begegnet.

Der gütige, humorvolle, fleißige Geistliche hört sich die Rede Wagners an, er weiß von dessen heimatkundlichem Sendungsbewusstsein. Schließlich erhebt sich der alte Herr und langt von einem hohen Regal einen dicken Folioband herab. Reicht dem über den Umfang des Wälzers etwas erschrockenen Wagner das Original von Dr. Matthäus Oppolsky, *Inventarium der Pfarrei Bielitz und der dazu gehörigen Kirchen. Von 1835, ergänzt 1839*. 304 handgeschriebene Seiten. Wagner schlägt den Band auf, ob er ihn mitnehmen und daraus zu Hause einige Notizen machen dürfe. Nach kurzem Zögern habe der Prälat gemeint: *„Gut, Herr Doktor; weil Sie es sind! Einem anderen nicht! Also bis morgen, um diese Zeit!“*

> Mit Tausend Dank, so schreibt Wagner, nahm ich den Band an, und mit freundlichem Gruß hat mich der ehrwürdige Prälat verabschiedet.

Wagner schloss sich in seiner Kanzlei ein und studierte und studierte, machte Notizen die halbe Nacht über, nach wenigem Schlaf frühmorgens wieder weiter.

Aber was willst du tun? Um eine Folioseite abzuschreiben, dazu reicht eine halbe Stunde nicht hin; und es gab doch 304 Folioseiten, ziemlich eng geschrieben!

Wagner schickt seinen Küster in die katholische Pfarrei, einen liebenswürdigen alten Herrn, er möge fragen und bitten, ob es nicht möglich wäre ... Und siehe da: nach einer halben Stunde: noch für eine Woche ...

Es ist doch gut, dass auch Amtsbrüder freundlich miteinander auskommen.

Wagner wird später im *Buch der Bielitz-Bialaer Chronika* zur Person Oppolskys einiges aufschreiben: Als ehrlicher Heimatforscher will Wagner den seit Jahrzehnten üblichen einseitigen Geschichtsdarstellungen nationaler Kreise beider Seiten, der deutschen wie der polnischen, nicht folgen. Er schildert Oppolsky als einen Priester, der zwar deutsch schreibt und in der ganz überwiegend deutschen Stadt Bielitz deutsch zu seinen Schäflein spricht, der aber sehr wohl sich bemüht, die gefährdete polnische Eigenart und Kultur zu fördern. Den Deutschen ein Deutscher, den Polen ein Pole, ein österreichischer Patriot, ein Liberaler josefinischer Prägung, so schildert Wagner ihn.

Gewiss ein tunlich toleranter Kirchenmann, zumal gegenüber den in seiner Stadt Bielitz damals weitaus die Mehrzahl der Einwohner in Stadt und Land bildenden „Augsburgischen Religionsverwandten", den Evangelischen.

Wagner betont, dass Oppolsky dabei seine Überzeugung von der Überlegenheit und der Kampfespflicht der Erzkirche nicht preisgab.

Interessant ist, dass Wagner bei der Beschreibung der Nationalität dieselben Worte verwendet, die er auch für seinen großen Vorgänger Haase im *Bielitzer Zion* gebraucht hat. Oppolsky zweifellos ein Mann aus polnischer Familie, Haase aus einer deutschen Familie. Wagner träumt von der polnisch-deutschen Einheit in Bielitz. Wagner projiziert seine eigene liberale Lebensauffassung in Oppolskys Person – und hat vermutlich nicht unrecht. Beide waren ungewöhnlich: Oppolsky in der Zeit Metternichs, da Andersmeinende drangsaliert wurden, Wagner in der Zeit, da der polnische Staat einiges tat, um Minderheiten im Polentum zu absorbieren.

Beide, Oppolsky und der junge Wagner, sind Vorläufer einer weltoffenen Einstellung, wie sie heute in Europa wieder Chancen hat, Chancen, die schon in der Österreichisch-Ungarischen Monarchie vorhanden waren, zumindest in deren österreichischem Teil. Chancen, die vergeben wurden, weil der alte Adelsstaat zu wenig Phantasie, zu wenig Kraft und zu wenig Zukunftsplanung besaß, um sich rechtzeitig in einen echten Vielvölkerstaat zu verwandeln.

Wagner misstraut Oppolsky allerdings, was dessen Beschreibung der vorchristlichen Zeit und der christlichen Frühzeit von Ostschlesien betrifft, über die Oppolsky Vermutungen anstellt, denen er aber den Anschein der Gewissheit gibt. Wagner beschreibt seine eigenen Funde im Piekiełko über Skotschau, die slawische und frühere Vorgeschichte belegen. Er erbittet auch von dem mittlerweile zum Historiker ausgebildeten Walter Kuhn Kommentare zu Oppolskys Berichten über die Ereignisse im 14. Und 15. Jahrhundert. Kuhn beurteilt recht kritisch Oppolskys „sehr bestimmte Art“, Ereignisse aus jenen Jahrhunderten sich detailliert zusammenzureimen, und weist auf einige Fehler hin.

Dokumentarisch verlässlich und akribisch beschreibt Oppolsky dagegen die Begebenheiten ab dem 17. Jahrhundert, also ab der Zeit der Gegenreformation.

Wagner schreibt zu der Zeit des Dreißigjährigen Kriegs im Kapitel II des *Buchs der Bielitz-Bialaer Chronika* über Georg Trzanowski, den er den slawischen Luther nennt:

> In der ostschlesischen Olsastadt Teschen – nur ungefähr 40 Kilometer westlich von Bielitz – mit dem Piastenturm ist einst Tranoscii Wiege gestanden. Am 9. April 1591 ist er dort in einem Bürgerhause nahe dem Ringplatz, das seinem Vater gehört hat, geboren.
>
> Aber zwei Jahre lang, von 1625 bis 1627, ist dann später Georgius Tranoscius, den die Slaven Trzanowski nennen, in der damals durchaus protestantischen, östlichsten Stadt in Schlesien, bei uns in Bielitz, der Schloss- und Stadtpfarrer gewesen. Als ein Vertriebener ist er aus dem mährischen Meseritsch hierher ins Bielitzerische eingezogen, als ein

schon Vielumhergetriebener, Vielgeprüfter und Leidensgeübter hat er in der Heimat eine Zuflucht gesucht und gefunden. Im siebenten Jahr des schrecklichen Dreißigjährigen Krieges übernahm er beim Freiherrn von Sunnegh als evangelischer Schlossprediger sein Bielitzer geistliches Amt. Er sollte der letzte evangelische Pastor werden, ehe auch hier die Kirchhofstille einsetzt und alles evangelische lutherische Leben nach außen hin verstummt und verlischt, um in seiner Glut unter der Asche nur umso fester fort zu glimmen und 140 Jahre lang auf den Südwind zu warten, welcher den neuen Frühling der Toleranz eines Josef II. mit sich führt: den 13. Oktober 1781.

4 Georgius Tranoscius 1592–1637. Aus: *BBC*.

Tranoscius ist ohne Zweifel slavischer Abkunft; er selbst nennt sich „Bohema". Er ist bewusster Slave geblieben, und wenn Luther geschrieben hat, für meine Deutschen bin ich geboren, ihnen will ich dienen, so gilt von Tranoscius das Nämliche. Seinem Volk hat er gedient.

Nach nur zwei Jahren als Stadtpfarrer von Bielitz musste Tranoscius auch von hier fliehen. Tranoscius hatte in Meseritsch genug Erfahrung gesammelt. Er wartet nicht ab, bis ihm auch in Bielitz der Prozess gemacht wird und ihm wie in Meseritsch der Kerker sicher ist und die

> Tortur. Im Herbste 1627 legt er also sein Amt in Bielitz nieder und flieht mit seinem Herrn (dem Freiherrn Sunnegh) nach Oberungarn (die heutige Slowakei). Dort wird er auf Schloss Arva von dem Grafen Illeshazy, Sunneghs Schwager, als Schlossprediger angestellt. Hier sammelt Tranoscius seine lateinischen Lieder, die er als den Dreiband *Odarum Sacrarum sive Hymnorum Georgii Transnosci Teschinensis libri tres* 1629 in Brieg in Niederschlesien erscheinen lässt.

Das schreibt Wagner im Oktober 1937 im *Buch der Bielitz-Bialaer Chronika*. Wagner nimmt sein eigenes Schicksal, das ihn acht Jahre später ereilt, vorweg, doch anders als Tranoscius wollte Wagner nicht fliehen sondern ausharren, gemäß seinem Wahlspruch „*Erweise Dich! Harr aus! Beeil Dich! Sei ein Mann!*" Dies sollte ihn das Leben kosten.

Wagner setzt zu Tranoscius fort:

> Im Jahre 1636 erscheint in Leutschau in Oberungarn das unübertroffene Gesangsbuch in altmährisch-slowakischer Sprache, die Cithara sanctorum. In Ostschlesien war das Buch der „Kanzional" auch der polnisch sprechenden Evangelischen bis knapp vor dem Ausbruch des ersten Weltkriegs, also das Kirchengesangsbuch. Was Martin Luther für die Deutschen mit seiner Bibelübersetzung und durch die Einführung des ersten Gesangbuches bewirkt hat, das hat Georgius Tranoscius, in der slawischen Welt unter dem Namen Třanowsky-Trzanowski bekannt und hochgeehrt, für den slawischen Protestantismus geleistet. Er gibt seinem Volk das Gesangsbuch und den Gottesdienst: er ist der slawische Luther.

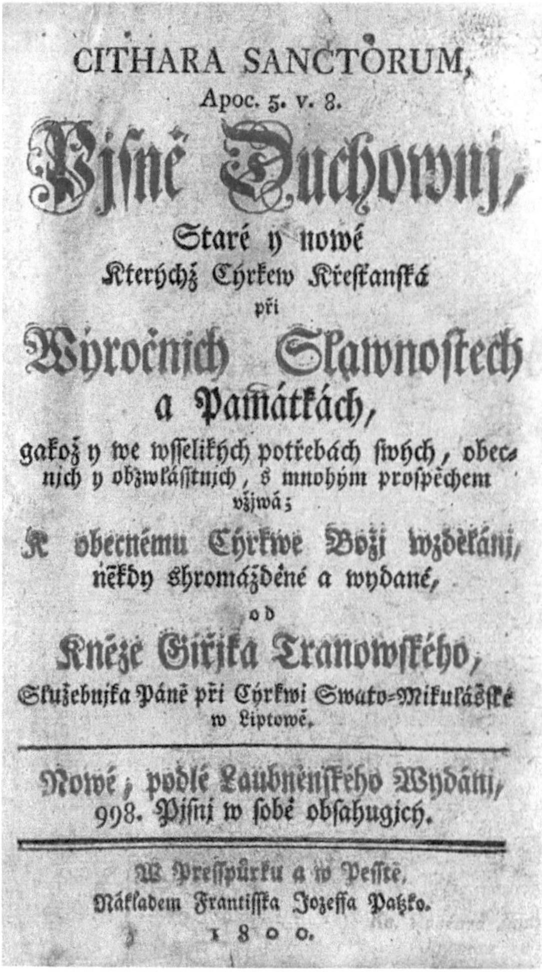
CITHARA SANCTORUM,
Apoc. 5. v. 8.
Pjsně Duchownj,
Staré y nowé
Kterýchž Cýrkew Křesťanská
při
Wýročnjch Slawnostech
a Památkách,
gakož y we wšelikých potřebách swých, obecnjch y obzwlásstnjch, s mnohým prospěchem užjwá;
K obecnému Cýrkwe Božj wzdělánj,
někdy shromážděné a wydané,
od
Kněze Giřjka Tranowského,
Služebnjka Páně při Cýrkwi Swato-Mikulášské
w Liptowě.

Nowé, podlé Laubněnského Wydánj,
998. Pjsnj w sobě obsahugjcý.

W Prešpurku a w Pešťe,
Nákladem Frantisska Jozeffa Patzko.
1800.

5 *Cithara Sanctorum,* Tranoscius' Kirchengesangsbuch, 1800 neu gedruckt. Aus: *PZR*.

Zurück zu Oppolskys *Inventarium der Pfarrei Bielitz* und hundertfünfzig Jahre voraus in die friedliche Zeit nach dem Toleranzpatent von Josef II., das die Evangelischen wieder anerkannte. Oppolkys Kommentare für diese Zeit sind fast amüsant zu lesen. Er schildert die größeren und kleineren Zwistigkeiten zwischen Katholiken und Evangelischen und meint, die Protestanten hätten nach einem der Bielitzer Stadtbrände im Jahr 1808, der sowohl die katholische wie die evangelische Kirche zerstörte,

> das Unglück benützen wollen und den Neuguss der Glocken der katholischen Kirche verhindern, indem sie deren Beschaffung den hohen Behörden als undurchführbar darzustellen suchten, was der tätige Erzpriester vereitelte.

Allerdings kam es tatsächlich zu einer großen Verzögerung beim Wiederaufbau der Kirche: Der Bielitzer Stadtmagistrat machte jahrelang kein Geld locker, seine Mitglieder waren ja nach dem Toleranzpatent von 1781 fast alle Protestanten, wie auch um die 90 Prozent der Bürger des Kirchensprengels, 10 000 Seelen.

> Die herzogliche Kameral Direction und der Stadt-Magistrat haben immer Mittel und Weg gefunden, diesen Kirchenbau hinauszusetzen,

schreibt Oppolsky, der seit 1828 Bielitzer katholischer Pfarrer ist. Schließlich bezahlte er im Jahr 1833 den Wiederaufbau aus eigener Tasche. Die Protestanten dagegen nützten den Brand, um ihre Kirche noch prächtiger wiederaufzubauen und erhielten von Kaiser Franz I. bei dessen Bielitz-Besuch im Jahr 1817 auch die Erlaubnis, endlich Glocken aufhängen zu dürfen.

Offenbar war aber der Konflikt auch nicht ohne wirtschaftliche Hintergründe. Wagner schreibt in einer Fußnote zu dem von Oppolsky geschilderten Konflikt, dass die Evangelischen auch nach dem Toleranzpatent auf die Funktionen des katholischen Pfarramtes angewiesen waren, weil nur der katholische Pfarrer die ordentliche Matrikenführung verwaltet hat und an ihn alle Matrikelgebühren entrichtet werden mussten, ein Zustand, der erst im Jahre 1849 eine Änderung erfahren hat.

Als Wagner das „Inventarium" von Oppolsky gefunden hatte, war klar, dass er von dem Graben in der Geschichte der Sprachinsel nicht mehr lassen würde. Er sammelte und schrieb. Walter Kuhn, einer der jungen Leute, die Wagner beim Abschreiben der Chroniken für den Bielitzer Zion zur Hand gegangen waren, der zwanzig Jahre jüngere Bielitzer, der systematische Erforscher der Bielitzer Sprachinsel und spätere Professor für ostdeutsche Geschichte auf Lehrstühlen in Breslau und nach dem Krieg in Hamburg, wird in seinem Standardwerk *Geschichte der deutschen Sprachinsel Bielitz (Schlesien) (Kuhn)* 1981 schreiben:

> Wagners leidenschaftliches Anliegen war die Auffindung und Publizierung älterer Drucke und Manuskripte zur Bielitzer Geschichte. Die von Wagner geretteten Chronikwerke von Otipka bis Oppolsky sind ein dickes, heute unschätzbares Kompendium zur älteren Bielitzer Geschichte.

Wagner versucht, das in den vergangenen zehn Jahren auf dem Gebiet der Stadtgeschichteschreibung Geschehene und das Versäumte gegeneinander abzuwägen. Er bedauert, selbst kein Historiker zu sein, er wäre nur ein Sammler und Chronist. Eine jüngere Generation rücke ja nach:

> Walter Kuhn hat (1929 und 1930) zwei umfassende Übersichten über das heimatgeschichtliche Schrifttum verfasst.

„Sind wir nicht alle Schlesier?“ denkt Wagner. Ein eigenes europäisches Volk, gemischt aus Deutschen und Polen und den Menschen, die schon vorher in diesem Land ansässig waren. Eine Mischung, denn von Vertreibung oder gar Ausrottung berichtet keine Historie. Nur die Juden hatten sich früher kaum mit Polen und Deutschen vermischt, aber dies hatte in den letzten hundert Jahren auch begonnen. Und hätte sich die Geschichte in den vergangenen Jahrzehnten nicht so nationalistisch gebärdet, vielleicht wäre diese Vermischung heute in vollem Gang. Wagner dachte an einige besonders aktive Mitglieder seiner Gemeinde mit jüdischen Wurzeln. Es würde dem etwas provinziellen Menschenschlag seiner Heimat mehr Geist zukommen lassen.

Wagner ist von der Aufgabe, seiner Aufgabe, überzeugt, die Geschichte der Sprachinsel aufzuzeichnen. Und befürchtet, dass nach ihm niemand mehr die Geschichte dieser dann vergangenen deutschen Sprachinsel aufzeichnen würde.

Für wen zeichnet er auf? *Für uns, für Deutsche und für Polen.* Und für die Schlesier, die seit Geschichte aufgezeichnet wird, ein Volk dazwischen, ja ein eigenes Volk, gewesen sind. Im *Geleit* zum *Buch der Bielitz-Bialaer Chronika* schreibt Wagner:

> Ich will mit dem Buch der Bielitz-Bialaer Chronika auf das Bestimmteste sagen: wir sind hier zu Haus! Und weil nach meiner Auffassung Geschichte schreiben die Wahrheit suchen heißt, will ich den Kommenden die Wahrheit finden helfen und allen Jetzigen sagen, was richtig ist, und auf welchem Grund wir stehen. Dieses Buch soll ein Beitrag zur Verständigung sein, eine Brücke!

Schon bevor Wagner Oppolskys Chronik in der katholischen Pfarrei bei seinem Amtskollegen Bulowski entleihen konnte, hatte er die Chroniken, die im Archiv seines eigenen, des evangelischen Pfarramts, auflagen, eingesehen und abschreiben lassen. Die älteste war das *Mnemosynon* von Ernestus Otipka, *die Bielitzer Stadtchronik aus dem Anfang des 18. Jahrhunderts*, die Wagner schon 1928 herausgibt, aber 1938 auch in das *Buch der Bielitz-Bialaer Chronika* aufnimmt. Die im Archiv aufliegende Schrift ist bereits eine Abschrift – das Original ist, so vermutet Wagner, bei einem der häufigen Stadtbrände verloren gegangen. Otipka, ein „Patricius von Bielitz" wie er sich nennt, fordert gleich zu Beginn „die Nachkommenden auf, das was die Vorfahren erlebt haben, nicht in Vergessenheit kommen zu lassen," und mahnt seine Leser zum Nacheifern hinsichtlich Fortführung seiner Forscher- und Chronistenarbeit, *eine Mahnung, die auch uns angeht, eine Zueignung, die auch uns gilt,* schreibt Wagner.

Aus Otipkas Darstellung, die formal unparteiisch ist, geht doch klar hervor, dass er ein Anhänger der lutherischen Lehre ist, die zur Zeit der Niederschrift in Bielitz offiziell nicht geduldet ist. Er beschreibt den Geheimprotestantismus und die Maßnahmen dagegen und spart bei den in der Gegenreformation eingesetzten katholischen Pfarrern nicht mit boshaften Beschreibungen.

So beschreibt er den Archipresbyter Johann Schwartz, der um 1700 Bielitzer Pfarrer war, mit unfreundlichen Worten:

> … seine Lebensarth war mehr ungeistlich als Exemplarisch geistlich genaturet, Er mischete sich in allerhand weltliche Händel und machte sich nicht allein seinen gnädigen Herrn Collatoren ungnädig, sondern auch seine Eygene Glaubensgenossen wurden wider Im aufsetzig. Die ärgerliche Facta haben kostbahre Commissiones und unterschiedliche Inquisitiones verursachet. Danenhero Er nach Breßlau vor daß Bischöfl. Consistorium gefordert wurde, dahin zu erscheinen Er bedencken truge. Und nachdem Er freywillig die Pfarethey verlassen, Ist er im lande herumbterminiret, entlich in großen Elende gestorben.

Knapp vor Otipkas Niederschrift ist 1714 der

> Wohl Ehrwürdige Johannes Adam Bock instaliret worden,

über den Otipka noch nichts Negatives sagen möchte, doch stellt er etwas boshaft fest:

> dessen Meriten annoch verborgen, doch weilen Er sich in Zimlicher Modalität anführet, also hoffet man daß beste fiat.

Otipkas Chronik beschließen Berichte über die mannigfaltigen für die Stadt verderblichen Kriegshandlungen des Dreißigjährigen Kriegs und der folgenden Jahrzehnte, weswegen er endet mit einem „Seufzer gen Himmel“:

> *O Domine in quae nos reservasti tempora.*

3 Wagners Jugend und seine frühen Jahre als Bielitzer Pfarrer

3.1 Skotschau, Wagners kleine Heimatstadt

Die drastische Schilderung der traurigen Ereignisse des Dreißigjährigen Kriegs im vorhergehenden Kapitel klingt uns Heutigen sehr ähnlich den Schilderungen der Zeit ab ungefähr 1930 mit der Kulmination im schrecklichen 2. Weltkrieg. Und selbst Analogien aus jüngster Zeit drängen sich auf.

Dennoch will ich hier in einer friedlichen fast idyllischen Zeit fortsetzen, als sich die Österreichisch-Ungarische Monarchie in einem Fin de siècle-Zustand vorfand, offenbar der europäische Friede ausgebrochen war, der allerdings mit dem 1. Weltkrieg schlagartig endete. Wir wollen Wagner damals und nach dem 1. Weltkrieg im kleinen Städtchen Skotschau, seinem Geburtsort, beobachten. Das ist die Zeit von Wagners Jugend.

Wagners Tochter Hedda Vogl hat für *Skotschau in Ostschlesien (SO)* einen sehr anschaulichen Bericht „Die kleine Stadt" verfasst, den ich im Folgenden im Wesentlichen ungekürzt wiedergebe.

> Mein Vater Richard Ernst Wagner war ein gebürtiger Skotschauer. Seine Eltern, die Skotschauer Gastwirtsleute „Zur Traube" auf der Ustroner Straße, stammten zwar aus verarmten Bielitzer Tuchmacherfamilien, waren aber im Lauf der Jahrzehnte zu echten Skotschauern geworden. Es war ein eigenes Völkchen dort, die deutschen oder seit Jahrhunderten eingedeutschten Bürgersleute, die in ihren stattlichen Häusern um den Ringplatz oder auf der Teschner Straße saßen, im Erdgeschoß ihre Geschäfte hatten, im Oberstock wohnten: die reichen Sohlichs, die Stritzkis, die Schrameks, die Fialas, Strandellas und wie sie alle hießen, die zugleich auch größere oder kleinere Ackerbürger waren und ihre Gärten und Felder samt den Scheunen, vor denen ich noch zur

Dreschzeit die Pferde mit dem Göpel im Kreis habe gehen gesehen, außerhalb der Stadt hatten. Auch die Großmutter – der Großvater war früh gestorben – hatte einen Acker an der Bladnica, wo mein Vater als kleiner Bub die Gänse seiner Mutter gehütet hat.

Was war es wohl, das die alten Skotschauer, die Wiener „Studierten", den Herrn Hofrat und den Herrn Professor, immer wieder in die alte Heimat lockte, die doch eigentlich nichts zu bieten hatte, was es in anderen Sommerfrischen zu genießen und zu erleben gab: keine hohen Berge zum Kraxeln, keinen Meeresstrand und keinen See, keine Kurpromenade mit Musik und eleganten Leuten? Es war gemütlich in Skotschau und für Leute, die sich das ganze Jahr geistig verausgaben mussten, gerade das Richtige, geruhsam für Leib und Seele. „Hier bin ich Mensch, hier darf ich's sein", zitierte unser Vater oft, und das „Carpe diem – genieße den Tag", das er im Garten auf Stein geschrieben aufgestellt hatte, entsprach dem. Nach einem anstrengenden Jahr im Pfarrdienst tat ihm der eine Ferienmonat gut, in dem ihn sein Amtsbruder am Bielitzer Kirchplatz vertrat, wie er es umgekehrt im anderen Monat tat, wobei er doch wenigstens einmal in der Woche nach uns, die wir noch Schulferien hatten, und der Mutter schauen kam.

Unsere Mutter hat sich später nicht gern daran erinnern lassen, wie wir es im Spaß manchmal taten, dass sie als junge Frau nur ungern nach Skotschau gegangen war. Sie hätte eine richtige Sommerfrische mit nahem Wald und ozonreicher Luft dem oft nicht gerade nach den Wohlgerüchen des Morgenlandes duftenden Heimatstädtchen ihres Mannes vorgezogen. Nicht allzu weit von uns hatte „der Spitzer" seine Lederfabrik und weichte die zum Gerben bestimmten Häute im Mühlbach. Wenn der Wind aus jener Richtung kam … Aber es half der Mutter nichts, schon als junge Frau musste sie mit uns kleinen Kindern hinaus und in dem niedrigen Häuschen an der Ustroner Straße Wohnung nehmen, das der Alterssitz der Großmutter gewesen war. Gegenüber dem Gasthaus „Zur Traube", das längst verkauft worden war.

Die Mutter hat sich vielleicht im Stillen gar nicht so sehr gekränkt, als der Vater unser Sommerquartier für einen Notfall zur Verfügung stellen musste. Ein großer Brand – es muss bald nach dem 1. Weltkrieg gewesen sein – vernichtete eine ganze Häuserzeile an der Ustroner Straße, und der Bürgermeister trat an den Vater heran, für eine obdachlose Familie eine Wohnung herzugeben: „nur für 6 Wochen". Aus den 6 Wochen sind viele Jahre geworden. So hat der Vater Jahre danach, als das Nachbarhäuschen frei wurde, dieses für uns bewohnbar gemacht, um im Sommer wieder in seine geliebte Heimat ziehen zu können.

Wie bescheiden man doch war in der damaligen Zeit! Schon die Übersiedlung von Bielitz nach Skotschau! Die Eltern fuhren mit dem Zug, wir Kinder mit dem Übersiedlungsauto, das unseren vielen Kram mitnahm: Bettzeug, Bettwäsche und vor allem einen Strohkorb voll Bücher für den Vater, die er sich für Regentage unter dem Kopfschütteln der Mutter ausgesucht hatte. Das war ein Gerumpel auf der Kaiserstraße, aber wer konnte glücklicher sein als wir Kinder, wenn es in die Ferien, in unser geliebtes Skotschau ging! Wir teilten ganz die Begeisterung unseres Vaters und waren bereit, für die sich bietenden Freuden auch manche kleine Entbehrung auf uns zu nehmen, die wir nicht als solche empfanden.

Wie einfach haben wir gewohnt! Da war ein größeres Zimmer, in dem die Eltern mit ihrer Jüngsten schliefen und in dem noch Raum für den Essplatz mit Sofa und Tisch und Stühlen vor dem Fenster mit Blick ins Grüne war. Daneben war ein kleines Kabinett, in dem gerade Platz für die beiden Betten für uns größere Kinder war, ein Nachtkästchen, ein Wandbrett, das war alles. In der Küche war die Waschgelegenheit, eine Waschschüssel mit Krug, an dem meist nur Katzenwäsche gemacht wurde, denn „wir hatten ja die Weichsel", in der man sich nach altem Brauch vor jedem Bad tüchtig abseifte.

Die liebe Weichsel! Unvergesslich der Weg dahin. Entweder über die Bladnica-Brücke auf der Ustroner Straße, an dem alten Häuschen vorbei mit den vielen Schwalbennestern unterm Dach und den hin- und her-flitzenden Schwalben, hinter Jeikners Haus zur Eisenbahnbrücke über die Weichsel, wo es herrliche Badestellen gab, durch Hochwasser ausgeschwemmte Löcher, in denen man wunderbar schwimmen konnte. Oder der andere Weg an den alten Scheunen vorbei unter den blühenden Linden bis zum Weichselsteg, über den man manchmal ging, um am anderen Ufer zu lagern. Es schien mir dort fast alles unverändert, als ich vor 20 Jahren mit meinen Kindern dort war: der Weichselfluss plätschernd und murmelnd mit glitzernden Wellen, mit schmalem Rinnsal im breiten Schotterbett. Wir waren's gewohnt, barfuß über die vielen Kiesel zu laufen. Wie herrlich der Blick nach Süden auf die blaue Kette der Beskiden, im Westen der Kapellenberg, unweit davon auf dem Hügel thronend die evangelische Kirche. Kalt war das Weichselwasser, herrlich erfrischend an heißen Tagen, und so klar und rein. Kleine Fische flitzten darin herum, und Libellen flogen durch die Luft. Das Liegen auf den Steinen war nicht gerade bequem, und darum schlossen wir uns immer wieder gern unserem Vater an, der mit scharfem Auge spähend durch das Weichselgeröll ging und nach „Findlingen" suchte. Eine Zeitlang hatte sich bei uns eine förmliche Jagdleidenschaft herausgebildet. Wir tauchten die Steine aus den tiefsten Löchern der Weichsel herauf und gruben sie mit Hacke und Spaten aus dem Geröllboden, kleinere und größere, die wir mit Rucksäcken, Schubkarren, einmal sogar mit Pferd und Wagen nach Hause führten, wahrscheinlich von anderen Leuten als ziemlich verrückt angesehen.

Wir hatten im Garten einen großen Hügel aus lauter schwedischen Graniten, den Findlingen, aufgetürmt, wie sie von der Eiszeit her an den Endmoränen der Gletscher zurückgeblieben waren, einen Hügel, den wir später mit Königskerzen und Macierżanka (Thymian) vom Weichselufer bepflanzten.

Der liebe Skotschauer Garten! Der Rathausturm schaute auf ihn herab, und der Länge nach durchfloss ihn ein Bächlein, der Żabiniec, der Froschbach, in den die guten Skotschauer leider ihre Abfälle, ihre Scherben and alten Töpfe zu werfen gewohnt waren, als Kinderspielplatz nicht gerade geeignet. Es führte ein kleine Steinstiege hinunter, unten war das Wasser gestaut, und ein kleines Wasserrad drehte sich klappernd. Später wurde der Bach in Rohre gelegt und zugeschüttet, ein echter Gewinn für den Garten, ein Verlust für ein romantisches Kindergemüt.

6 Wagner im Skotschauer Garten mit Sohn Richard und jüngerer Tochter Käthe, der Schwester meiner Mutter Hedda Vogl, ca. 1930.

Auf der zugeschütteten Bahn wurde ein Weg angelegt und zu beiden Seiten mit Blumen bepflanzt. Hier muss ich unserer lieben Frau Helena Klus gedenken, die Haus und Garten in so schöner Ordnung hielt. Sie wohnte mit ihrem Sohn in der zweiten Wohnung unseres Hauses und hat ein schweres Los mit Würde ertragen. Ihr Sohn, ein sehr lieber tüchtiger junger Mann war anfangs bei den „Powstańcy", den engagierten Vorkämpfern des Polentums, später ebenso begeisterter SA-Mann, und ist 1944 gefallen.

Helena Klus hatte eine sehr geschickte Hand für alle Gartenarbeit: Blumen, Gemüse, Obst, alles gedieh ihr aufs Trefflichste. Es war eine Pracht und eine Freude, allerdings auch eine Aufgabe für meine Mutter, die den Sommer zum Teil einkochend verbringen musste. Der Vater war auch im Garten tätig, schnitt an den Obstbäumen, von denen er manche selbst okuliert hatte, betreute seine Rosen und sah bei den Dächern und Zäunen nach dem Rechten. In meiner Erinnerung sehe ich ihn auf seinem Lieblingsplatz, dem Rondeau mitten im Garten, sitzen, seinem lieben Freund, Professor Rudolf Sittek gegenüber, dem wir Kinder aber auch bald zuliefen, um seinen schönen, interessanten, so überaus anschaulichen Erzählungen zuzuhören. Er war Professor für Deutsch und Französisch in Wien und machte immer wieder große Reisen nach Spanien und nach Paris, von wo er mit interessanten Büchern und Kunstblättern zurückkehrte. Besonders packend konnte er aus seiner Kriegsgefangenschaft erzählen, wo er außer viel Hartem auch die Güte der russischen Bauern erfahren hatten, die ihm und seinem Freund zur Flucht verhalfen. Ich habe solche Erzählergabe sonst nie erlebt und diesen Freund unseres Vaters mit meinen Geschwistern sehr verehrt und geliebt.

An die warmen Sommerabende, an denen wir Kinder mit unserer lieben Helene, der anderen, jüngeren, der Hausgehilfin meiner Mutter, unter dem alten Kaulbirnenbaum im Garten saßen und sangen und von der Helene das schöne Heimwehlied „Góralu, czy ci nie żal“ lernten.

Auch an meine Freundinnen und die Freunde meines Bruders denke ich gern, an die Erika, die Mitzka und die Milka. Und an den Helmut, der jetzt, 30 Jahre nach der Vertreibung aus unserer Heimat, ein einflussreiches Mitglied des deutschen Bundestags in Bonn ist. Mit ihnen traf man sich an der Weichsel oder in den verschiedenen Gärten. Radtouren wurden unternommen: nach Ustron, nach Weichsel oder gar nach Teschen.

Der Vater liebte es auch, bei alten Jugendfreunden einzutreten und mit ihnen zu plaudern. Wenn ich nur die Namen wüsste von all den lieben Menschen, mit denen der Vater immer wieder auf dem Ring unterwegs war und unterwegs mit dem „Du“ alte Kindheits- und Jugendfreunde begrüßte. Ich sehe ihn in meiner Erinnerung, wie er abends mit uns oder in Begleitung seines Freundes Sittek den Skotschauer Ring, den Zeugen der deutschen Gründung der Stadt, umrundete, die glimmende Zigarre schimmerte aus dem Dunkel, und er erzählte uns

Kindern vom seligen Sarkander, der ein gebürtiger Skotschauer war und als Märtyrer gestorben ist. Wie viele Märtyrer das friedliche Skotschau in nicht allzu ferner Zeit hervorbringen würde – wer hätte das damals geahnt? Auch in die katholische Kirche führte uns der Vater und erzählte uns, dass er sich als Bub ohne Wissen seiner Mutter am Aschermittwoch auch sein Kreuzel auf die Stirn hätte machen lassen.

7 Links: Skotschau, Ring mit Rathaus und Sarkander-Statue ca. 1930, aus: *Skotschau in Ostschlesien (SO)*. Rechts: Rathaus von Skoczów (Skotschau) heute, Foto: Gerhard Krammer.

Es waren „gute Evangelische", die Wagners die, wie unser Vater aus seiner Jugend erzählte, jeden Sonntag auf die Kempa, die Anhöhe, zum Gottesdienst in die evangelische Kirche hinauf pilgerten, in der der Vater dann als junger Theologiestudent schon predigen durfte. Nach dem Gottesdienst ging es meist vorbei an dem alten Gasthaus „Zum Fragstein" an der Kaiserstraße, hinüber zum Friedhof zum Grab des Großvaters. Auch wir, Eltern und Kinder, besuchten immer einmal im Sommer den deutschen Gottesdienst – es wurde sonst polnisch gepredigt – und nachher den Pfarrherrn und seine Familie, die dort auf der Höhe ein recht königliches Dasein führten.

An den Nachmittagen, wenn das Essen vorbei war, zog sich der Vater gern in die alte Laube zurück. Er war besonders stolz auf sie, denn ihre Wände waren sehr kunstvoll in gotischem Stil aus Holz gesägt, und es war eine Freude, aus den geschnitzten Fenstern in den Garten hinaus zu sehen. Besonders schön waren die Sonnenräder in den drei Giebelfeldern, die der Vater in blauer, roter und goldener Farbe hatte ausmalen lassen. Dort saß er dann, rauchte sein Pfeifchen, las und schaute nur ab und zu zerstreut auf unser „Herumwildern".

Die schönen und interessanten Ausflüge, die wir mit unserem Vater in die Skotschauer Umgebung gemacht haben! Der schönste war der zum „Piekiełko", der „kleinen Hölle" oberhalb der Bladnica, jenem prähistorischen Ringwall mitten im Wald, in dessen Nähe der Vater einen granitenen Faustkeil und das Segment eines Mühlsteins aus Granit gefunden hatte, außer verschiedenen Feuersteinspitzen, die wir außerhalb auf einem Acker entdeckten.

Und dann gab es Bergpartien auf die Czantory und die Rownica, und einmal versuchten wir mit dem alten Schulrat Gloesel, Vaters Wanderfreund, den höchsten Gipfel der Beskiden, die Babia Gora, zu besteigen. Vater wollte abends bis zu einem Forsthaus kommen, verirrte sich aber in der Dämmerung und beschloss, einen Schuss aus seiner Pistole abzugeben, um den Förster auf uns aufmerksam zu machen. Ich hatte große Angst vor dem Schuss und bettelte „Vaterle, schieß nicht", er schoss dennoch. Wie die Wanderung ausging, ob wir schließlich die Babia Gora bestiegen haben, habe ich nicht in Erinnerung.

3.2 Wagners frühe Jahre

Wagners Tochter Hedda Vogl schreibt:

> Mein Vater Richard Ernst Wagner ist 1883 geboren. Als Student war er in der Schweiz gewandert, hatte Italien und Frankreich bereist, in Wien, Berlin und Straßburg sein Theologiestudium abgeschlossen und anschließend noch in Wien ein Doktorat in Philosophie erworben. Mit zu meinen schönsten Erinnerungen gehören die Stunden, in denen der Vater uns von seinen Wiener Erlebnissen in der Oper erzählte oder von seinen Reiseeindrücken, wobei ihm die Begeisterung aus den Augen leuchtete.
>
> Vater hätte wohl nicht abgelehnt, wenn ihm eine Pfarrstelle in Wien oder in der Wiener Umgebung angeboten worden wäre, denn er hatte in Wien einen engen Freundeskreis gefunden, vor allem im Akademischen Corps „Symposion". Es wird folgende Episode erzählt: In beschwipstem Zustand nach einer Kneipe seines Corps werden einige Corpsbrüder auf der Straße von der Polizei angehalten und ihre Personalien erfragt. Sie geben Fantasienamen an, wie Hans Sachs, Johann Nestroy etc. Als Richard Wagner seinen richtigen Namen angibt, wird dieser ihm nicht geglaubt, und er wird als einziger von der Polizei mitgenommen.
>
> Wie schon gesagt: Vater hätte wohl nicht abgelehnt, wenn sich ihm eine Pfarrstelle in Wien geboten hätte. Als er aber 1911 den Ruf als Vikar zum galizischen Superintendenten Fritsche nach Biala erhielt, nahm er den Ruf mit Freuden an, um in der Heimat und für sie wirken zu können.

Der oberschlesische Soziologe Stefan Pioskowik (*Pioskowik*) schreibt über die erste Konfrontation mit Obrigkeiten des an seinem eigenen Weg zu Gott ein Leben lang festhaltenden Wagner:

> Am 17. Februar 1911 starb der Skotschauer Altbürgermeister Carl Sohlich, Wagners Vormund nach dem frühen Tod seines Vaters. Die Grabrede für seinen Vormund hielt der Vikar Wagner, der die Verdienste

> des Verstorbenen für die Stadt mit den Worten ausdrückte: „Ist unsere Stadt auch kein Juwel, so ist sie doch ein Smaragd im grünen Tal der Weichsel". Dann aber sagte er: „Wenn es überhaupt eine Unsterblichkeit gibt, so kann es nur die sein, dass der Mensch in seinen Taten fortlebt."
>
> Dieser Satz diente der polnischen evangelischen Zeitung „Poseł Ewangelicki" als Vorwand, eine bis Juli 1911 dauernde theologische Pressekampagne mit nationalem Unterton gegen Wagner persönlich und gegen liberale deutsche Pastoren im Allgemeinen zu entfachen. Schließlich empfahl der Kirchenrat dem jungen Vikar für die Zukunft eine bessere Wortwahl, um Auslegungsprobleme zu vermeiden.

Die Einstellung aber, die aus der Wortwahl des noch sehr jungen Vikars Wagner spricht, war wohl seine lebenslange Einstellung. Wagner war durchaus fromm, aber auf seine eigene Art, seine „protestantische". Immer wieder hat er in schwierigen Zeiten bei der Bibel Zuflucht gesucht; wir sehen dies z. B. aus den Tagebuchaufzeichnungen seiner letzten Tage in Bielitz im Frühjahr 1945 (Kapitel 6.4). Doch er wollte „auf gut Lutherische Art", wie er sicherlich meinte, seinen Weg zum Übernatürlichen selbst erkunden und sich Lehrmeinungen nicht blindergeben anschließen.

Stefan Pioskowik schreibt weiter:

> Nach dem Tod von Martin Modl suchte die evangelische Gemeinde Bielitz einen neuen zweiten Pfarrer. Es gab anfänglich sieben Kandidaten, die eine Probepredigt halten sollten. Aber nachdem am 25. Januar 1914 der Bialaer Vikar Wagner gepredigt hatte, entschied man sich schon am 30. Januar 1914 für ihn. Am 1. und 2. März 1914 wurde Wagner mit 348 Stimmen zum „zweiten Pfarrer" neben Arthur Schmidt gewählt. Nach Schmidts Tod 1923 wurde Wagner „erster Pfarrer" der evangelischen Gemeinde von Bielitz.
>
> Wagners Predigten erfreuten sich über die 35 Jahre seiner Tätigkeit in Biala und Bielitz großer Popularität und erwarben ihm allgemeine Zuneigung und Wertschätzung in seiner Gemeinde.

8 Die evangelische Kirche am Bielitzer Zion.
Holzschnitt von Hans Konheisner 1932, aus *BBC*.

Wagners Tochter Hedda Vogl fährt fort:

> Vater war 1914, kurz vor dem Kriegsausbruch, auf die nach dem Tod von Pfarrer Martin Modl vakante Pfarrstelle nach Bielitz berufen worden, eine große Ehre, war doch Bielitz das „Auge des Protestantismus in Österreich", höchst angesehen mit seinen verschiedenen Institutionen, den Schulen, von denen auch das Gymnasium eine evangelische Gründung war, dem Schwesternhaus, dem Waisenhaus.
>
> Ich war damals 2 Jahre alt und kann mich an die Übersiedlung von Biala nach Bielitz dunkel erinnern. Mein kleiner Bruder, 1913 geboren, lag im blauen Kinderwagen mit den hohen Rädern, den unsere Groß-

mutter, von uns „Bibi“ genannt, durch die Stadt schob. Ich trippelte daneben. Nachher wurde der Sack mit den Orangen vermisst, den die Großmutter doch mitgenommen hatte und der sich erst Wochen später – die Orangen verfault – unter der Matratze des Kinderwagens fand. Das neue Pfarrerehepaar wurde in Bielitz mit allen Ehren empfangen und entsprechend dem Reichtum der Pfarrgemeinde – die großen Tuchfabrikanten standen im Hintergrund – aufgenommen. Meine Mutter zeigte mir später den silbernen Tafelaufsatz und den großen wunderschönen kupfernen Blumenständer, die sie zum Empfang bekommen hatten. Bei der Amtseinführung wurde das junge Pfarrerehepaar vom alten Superintendenten Fritsche ermahnt, immer daran zu denken, dass der Bielitzer Zion „eine Stadt auf dem Berge“ und das Pfarrhaus eingesehen von allen Seiten sei.

9 Pfarrhaus mit Denkmal der Dankbarkeit und Liebe. Radierung Karl v. Adler, aus *BBC*.

Aber kurz darauf brach der Krieg aus, der erste Weltkrieg. Am 28. Juli 2014 wurde mein Vater zur Kriegsdienstleistung in der Österreichisch-Ungarischen Armee einberufen. Als k.u.k. Feldkurat machte er den Vormarsch nach Lublin und nach den Schlachten bei Tarnawa-Zakrzew den Rückzug bis Bochnia mit, erlebte mit seiner Brigade den Winteranfang an der Nida und dann den Karpatenwinter 1915 an der Front vor Przemysl. Seit März 1916 war er wieder im Dienst seiner Gemeinde, hatte da auch die geistliche Betreuung der Militärspitäler. Ich kann mich an die Heimkehr eines bärtigen uniformierten Vaters erinnern, über die die Mutter und die Kinder sehr glücklich waren.

10 Wagner mit seiner Frau Camilla und den beiden älteren Kindern ca. 1917.

> Wir waren wohl eine schöne Familie, der zwar nicht sehr große, aber dafür stattliche Pfarrer und seine schöne schlanke Frau mit den Kindern, ich 5 Jahre alt, mein Bruder Richard vier.
>
> Jeden zweiten Sonntag predigte mein Vater, abwechselnd mit dem zweiten Bielitzer Pfarrer, Wagners Amtsbruder Paul Karzel, und nicht nur in deutscher Sprache sondern auch auf Polnisch.
>
> Filialkirchen mussten auch betreut werden, und wir sind als Kinder gern in der großen Pfarrkutsche aufs Land mitgefahren.
>
> Vaters Vorbild ist sein Vorgänger, der zehnte Pastor der evangelischen Gemeinde Bielitz, D. Dr. Theodor Carl Haase, Pfarrer zu Bielitz 1859 bis 1876. Wagner charakterisiert ihn im Bielitzer Zion: ein Altliberaler, einer der führenden Männer der damaligen deutschfortschrittlichen Linken, von den Ideen des Jahres 1848 „angekränkelt", wie Wagner den Tonfall von Haases Gegnern imitierend schreibt. Der Juden Freund, den Deutschen ein Deutscher, den Polen ein Pole. ein starkes Österreich unter deutscher Führung anstrebend mit möglichstem Entgegenkommen gegen die kulturellen Bedürfnisse der anderen Völker.

Wagner rühmt im Bielitzer Zion (BZ) die schier unübersehbaren zahlreichen Leistungen des Multitalents und pausenlos schaffenden Haase.

> Ein Mann, dem praktischen Leben zugewandt: Pastor, Redner, jahrelang als Abgeordneter im Österreichischen Reichsrath, aber auch ein hervorragender Diener der christlichen Charitas. Auch ein fruchtbarer Literat: Herausgeber und Mitarbeiter mehrerer kirchlicher und politischer Zeitungen, „wo er immer die scharfe Klinge des freisinnigen Heidelberger Doktors führte", was damals manchen kirchlichen Kreisen nicht gefiel.
>
> Der Erbauer der Bielitzer Schule! Kann man dem Superintendenten Schneider das Verdienst nicht nehmen, dass er der Urheber, der Ideengeber war, in Bielitz eine evangelische Realschule und auch eine evangelische Lehrerbildungsanstalt zu gründen: Dr. Theodor Carl Haase hat im Verein mit Schneider die Idee zur Tatsache gemacht. 1860 entstand

die Realschule, 1867 die evangelische Lehrerbildungsanstalt, 1871 das Gymnasium und schließlich auch bald noch die Gewerbeschule.

In Haase projiziert Wagner seine eigene Weltanschauung, seine liberale Einstellung:

> „Haase war in eine glückliche Zeit geboren; ‚das Geld liegt auf der Straße' sagte er". Trotz der auch damals ewig Raunzenden und Nörgelnden im Presbyterium, denen einmal seine langen Locken nicht passten, das andere Mal seine „liberalen" Predigten nicht recht waren."

Wagner will seinem Vorbild nacheifern. Er weiß, wie schwierig dies sein würde nach der Trennung von Österreich, aber er ist jung und in Aufbruchstimmung.

Wagner ist allerdings von anderer Art als Haase, doch in mancher Hinsicht ihm wiederum ähnlich. Ein durch und durch von seiner humanistischen Bildung und Ausbildung Geprägter und ein Liberaler. Geld gilt ihm wenig, vielleicht nutzt er daher die ihm als Stadtpfarrer möglichen Kontakte zu wenig. In dieser Hinsicht war Haase ein ganz anderer Charakter. Mehrmalige Aufforderungen, ja Einladungen, für politische Gremien zu kandidieren, hat Wagner ausgeschlagen. Manchmal, in trüben Stunden, in denen er über den geistigen Stillstand in Bielitz trauert, meint er, es wäre ein Fehler gewesen, sich politisch nicht zu engagieren. *„Sicherlich: heute ist kaum Kapital da, da hatte Haase es leicht."*

3.3 Der Bielitzer Zion in den Predigten seiner Pastoren 1782–1921

Bald nach seiner Rückkehr aus dem Krieg muss Wagner begonnen haben, die Predigten seiner Vorgänger eingehend zu studieren und dürfte schon damals den Entschluss gefasst haben, besondere Predigten in einem Buch drucken zu lassen.

Er lässt sie mit vielen Kommentaren versehen 1921 als *Der Bielitzer Zion in den Predigten seiner Pastoren 1782–1921 (BZ)* erscheinen. Es sind Predigten von 12 Pastoren seit der Zeit des Toleranzpatents, jeweils eine oder zwei, selten auch drei Predigten, die sich in den Archiven des evangelischen Bielitzer Pfarramtes fanden.

Den Namen „Zion", auch „Bielitzer Zion", für die Anhöhe, auf der die evangelische Kirche und die evangelischen Schulen stehen, hat Traugott Bartelmuß, Pastor an der Teschner Gnadenkirche, in seiner Einweihungspredigt des Bauplatzes für die Bielitzer Kirche 1782 geprägt. Diese Predigt hielt Bartelmuß wenige Monate nach dem Erlass des Toleranzpatents durch Josef II. am 13. Oktober 1781, das den „Akatholiken" weitgehende Religionsfreiheit gewährte.

Schließlich fügt Wagner in den *Beigaben* auch noch die Einweihungspredigt für die Dreifaltigkeitskirche von Lucas Wencelius im Jahr 1608 hinzu. Wencelius war einer der letzten evangelischen Pfarrer der fast ganz evangelischen Stadt Bielitz vor der Gegenreformation, in der 1654 auch diese Kirche als letzte den Protestanten weggenommen wurde und die Lichter des evangelischen Bielitz nur noch im Verborgenen leuchten konnten.

11 Die Dreifaltigkeitskirche. Aus: *BZ* nach Fritz Keller.

Alle diese Predigten fanden sich in den Archiven der evangelischen Gemeinde und wären nach den Wirren des Jahres 1945 als Dokumente des deutschsprachigen Bielitz vielleicht heute vernichtet.

Wenn man den *Bielitzer Zion* durchblättert – kaum jemand wird alle Predigten genau studieren –, dann bleibt man bei Wagners Kommentaren hängen, die ein Bild von Wagner selbst abgeben, seinen Bemühungen um einen weltoffenen Protestantismus. Der liberale Pfarrer, der sich seiner evangelischen Religion als widerstandsfähige „Lebensanschauung" und seinem Seelsorgeamt tief verpflichtet wusste.

Allen Predigten stellt Wagner eine Lebensbeschreibung und Charakteristik des Pfarrers voraus und bringt dabei seine eigenen Ansichten zum Ausdruck, wenn er z. B. bei seinem Amtsvorgänger Martin Modl dessen Verdienste gerade für die „kleinen Leute" bewundernd hervorhebt. Dabei kann er seine Verwunderung nicht zurückhalten, dass die weltzugewandte evangelische Gemeinde von Bielitz diesen Konservativen berufen hatte.

Das Buch der Predigten am Bielitzer Zion durchzieht Wagners Überzeugung, aber auch sein Stolz, dass die Bielitzer Bürger in der Gegenreformation – eine zweifellos „reaktionäre" Periode, wie wir heute sagen könnten, in der es um die Machterhaltung der Habsburger in einem Einheitsstaat ging, der nur eine einzige Religion als Machtgrundlage dulden wollte oder konnte, – bei ihrer „revolutionären", reformatorischen Einstellung blieben, dem Glauben nur an die Bibel. Immer wieder betont Wagner, dass auch vor 1781, dem Jahr von Josef II. Toleranzpatent, die Bielitzer im Wald, am „Rasenplan", ihre evangelischen Gottesdienste hielten, sodass sie sich 1781 sogleich wieder fast alle offen zur evangelischen Religion bekennen konnten.

An das Ende des Buchs stellt Wagner zwei Predigten, die er als junger Pfarrer selbst gehalten hat.

Bemerkenswert eine Predigt zur Wormser-Lutherfeier in Troppau. 1918 ist der Österreichisch-Ungarische Kaiser- und Königsstaat zerfallen, seit 1921 gehören West- und Osthälfte des österreichischen Kronlandes Schlesien zu zwei verschiedenen Staaten, der Tschechoslowakei und Polen. Wie ein Schmetterling hatte das österreichische Kronland Schlesien auf der Landkarte mit seinem West- und seinem Ostteil ausgesehen, es war nur der östliche Rest des einst viel größeren Schlesiens unter der Habsburgerkrone, den Friedrich von Preußen (der Große) nach dem siebenjährigen Krieg Maria Theresia von Österreich gelassen hatte, es war „Österreichisch Schlesien". Im Herbst 1920 frägt die evangelische Gemeinde von Troppau, der früheren Hauptstadt von Österreichisch Schlesien, bei Wagner an, ob er am 17. April 1921 in der evangelischen Kirche in Troppau die Predigt zur Wormser-Lutherfeier zu halten bereit wäre, der Erinnerung an Luthers standhaften Auftritt vor Kaiser und Reich am 17. April 1521. Die Gemeinde hätte von den wortgewaltigen Predigten des jungen Bielitzer Pfarrers gehört und würde es als Ehre ansehen, wenn Wagner bereit wäre. Wagner sagt freudig zu.

Wagner beginnt seine Predigt:

> Wir bringen Euch zum heutigen Tag zu allererst einen Gruß.
>
> Aus meiner am Fuße der Beskidenberge gelegenen schönen Heimat im geteilten Ostschlesierland, einen freundlichen Gruß vom fernen Grenzsaum am Ostrande unseres Schlesierlands! Aus Bielitz!

Und dann rezitiert er ein Gedicht des österreichischen Dichters Johann Gabriel Seidl, das er in einer Berghütte im Wienerwald ob dem Helenental gelesen hätte: *„Steig nicht zu hoch, wo du der Erd entschwindest …"* und leitet damit Betrachtungen über Martin Luther vor dem Reichstag zu Worms ein.

Wagner macht das Zögern Luthers vor dem Reichstag zum Thema und verbindet dieses Zögern mit dem Bibelwort aus dem Alten Testament Jesaja 54, 7–8 *„Ich habe dich einen Augenblick verlassen; aber mit großer Barmherzigkeit will ich dich sammeln."* Wagner spannt einen weiten Bogen von Luthers schier aussichtloser Position vor den Granden des Reichs und der Kirche zur Situation der Deutschen nach dem Zusammenbruch des österreichischen Kaiserreichs. Er zitiert, was Ritter Georg von Frundsberg angeblich Luther beim Betreten des Saals zugeraunt haben soll: *„Mönchlein, du gehst jetzt einen schweren Gang"* und dann: *„Bist Du auf rechter Meinung, so sei getrost, Gott wird dich nicht verlassen."*

Wagner schließt:

> Martin Luthers Weg nach Worms ein Spiegel unserer Tage! Martin Luthers Tat in Worms und sein Beginnen nachher: ein Vorbild für uns, ja ein Beispiel für unser Geschlecht! Sein Mut, sein Glaube, seine Liebe, o dass sie sich auch bei uns, in unserem Volke, in unseren Tagen, bei uns allen fänden!

Das ist Wagners Zuspruch an die Menschen, solchen Zuspruch hat er 1945 bis zuletzt im Lager Zgoda in Schwientochlowitz den dort unter schlimmsten Bedingungen dem Tod ins Auge blickenden Menschen gewährt. Er wollte seine Gemeinde nicht verlassen, sondern ihr auch in schwerster Zeit Zuspruch liefern. Er hat dieses Sendungsbewusstsein mit seinem Leben bezahlt.

In seiner Troppauer Predigt zitiert Wagner Petrus Valdus', Giorolamo Savonarolas, Giordano Brunos und Jan Hus' Schicksale und hebt hervor, dass Luther ein Glücksfall war, dass Gott ihn schließlich den Kelch nicht trinken habe lassen. Die anderen wurden Märtyrer ihrer Überzeugung. Wagner sollte ein Vierteljahrhundert später ein Märtyrer seiner Menschlichkeit werden.

3.4 Kritische Gedanken zur Bielitzer Mentalität

Bielitz war eine Stadt der Tuchmacher, ein Gewerbe, das sich aus der Leinenweberei entwickelt hatte. Ursprünglich betrieben in Heimarbeit, mit dem Aufkommen der Maschinen in immer größeren Fabriken, deren Inhaber es zuweilen zu großem Reichtum brachten.

Am 23.März 1921 schreibt Wagner recht nachdenklich im zweiten Teil des *Bielitzer Zion*, den *Beigaben*, die schon Wagners Interesse für die Bielitzer Geschichte widerspiegeln:

> Es gibt zu denken: Die Bielitzer sind immer ein Volk der Arbeit gewesen und sind heute das, was man modern ausgedrückt ein Industrievolk

> nennt: von jeher mit der Zeit gehend; manchmal im eng umgrenzten Kreise zwar, aber immerhin doch an der Spitze marschierend!
>
> Dem Neuen zugewandt, dem Alltag lebend, in Alltag und Sorge um den kommenden Tag schier allzu sehr befangen! Einstens, in leichteren, schöneren, friedsamen Tagen (*Wagner meint wohl: vor der Industrialisierung*) wohl auch von betulichem Sinn und Gehabe gewesen, geruhsam und gemütlich, scheint ihnen der Sinn für das geschichtlich Gewordene nicht gerade in die Wiege gelegt worden sein; und das, was man anderswo Geisteskultur nennt, steht hier, zumal heute, nicht gerade auf allzu festen Füßen. Diese reiche, wohlhabende, an Millionären und in unseren Jahren wahrscheinlich auch schon Milliardären, sowie auch an Schulmeistern und Professoren nicht arme Stadt Bielitz, die doch auf eine fast sechshundertjährige Geschichte zurückblicken darf, ja zu ihren Anfängen noch viel weiter zurück gehen muss – bis etwa ins 12. Jahrhundert – hat noch keinen Geschichtsschreiber gefunden.

Man hört heraus, dass Wagner dies nachholen wolle.

Und am 30. November 1921 beschließt Wagner den *Bielitzer Zion* mit einem Nachwort:

> Hat mich, einen geborenen Schlesier, die Geschichte meiner weiteren und näheren Heimat von jeher angezogen, so war, was nur natürlich ist, in den Jahren meiner Amtstätigkeit und Wirksamkeit in Biala-Bielitz erst recht mein Bestreben, und es ist mir füglich zur stillen Liebe geworden, in dieser Heimatgeschichte selber heimisch zu werden; ja, wenn dies möglich wäre, auch an meinem Teil die Erforschung der Geschichte unseres Bielitzer Gemeinwesens zu fördern und den Mitbürgern diese Geschichte der Heimat, so gut ich es vermag, zu offenbaren. Solches, meine ich, ist eigentlich Pflicht eines jeden geistigen Arbeiters!
>
> Wo ein Wille ist, dort ist auch ein Weg! Bei angestrengter Pflichtarbeit in Amt und Beruf – es war ja in den ersten drei Kriegsjahren – zu welcher sich auch etliche übernommene Muss-Nebenarbeit hinzugesellt hat, wie die Übernahme des Religionsunterrichts in 8 Gymnasialklassen

> (eine von mir immer als Froharbeit lieb empfundene Beschäftigung!) aber auch die Sisyphusarbeit der ersten Einführung und Einrichtung des Kunstgeschichtsunterrichts für halbflügge Bielitzer Schulmädchen an einer hiesigen Bürgerschule, neben derartigen Verpflichtungen fand ich doch zumindest noch auch die Zeit, eine Schar wackerer Jünglinge um mich zu sammeln, die im Unterrichte von mir angeregt, sich mit Eifer in meiner Kanzlei der Abschreibarbeit alter und neuerer Dokumente und Aktenstücke hingab, aus welcher von meinen jungen Freunden unter meiner Anleitung geleisteten Vorarbeit dann eben die Festgabe zum Reformationsjubiläum 1917 entstehen sollte. Ich hatte den Plan fertig, die Vorarbeiten waren beendet. Höflich habe ich auch dem Kirchenvorstande am Zion von meinem Vorhaben in einer feierlichen Eingabe am 4. Jänner 1917 Mitteilung gemacht. --- „Der Wind hat ein Klagelied gepfiffen, der Regen hat Tränen geweint." --- Mißliche Umstände haben das Werk nicht zur Ausführung kommen lassen. ---

Wagner kennt aus eigener Erfahrung die Nörgler, die jenen ähneln, welche 70 Jahre früher seinen allseits tätigen und erfolgreichen Vorgänger Theodor Carl Haase kritisiert haben: *„Herr Pfarrer, schreiben Sie nicht so viel"*, wird Wagner aus dem Presbyterium gesagt bekommen, und sicherlich auch versteckte Kritik an seinen liberalen Predigten zu hören gekriegt haben.

Wagners Tochter erinnert sich:

> Vater war deprimiert, wir Kinder wusste nicht warum. Wahrscheinlich war der Kirchenvorstand nicht begeistert, meinte wohl, der junge Pfarrer sollte seine Amtspflichten versehen und sich nicht mit Sachen herumschlagen, die in den Gehirnen der biederen Bürger und Industriellen die Zeit nicht wert wären. Doch Vater war stur, er fand eine andere Lösung, das Erarbeitete unters Volk zu bringen, oder jedenfalls aufs Papier.

Wagner schreibt im Nachwort:

> Das Arbeiten war auch meine Freude, seit ich weiß, wozu Adam sein steinichtes Feld erhielt.
>
> Mein Siegelspruch lautet: Erweise Dich! Harr aus! Beeil Dich! Sei ein Mann!
>
> Auch hatte ich meinen jungen Freunden, den Studiosi, die mir bei meiner vorhin beschriebenen Arbeit geholfen hatten, den Mund schon tüchtig wässrig gemacht; und auch sie wollten sich an den Früchten ihrer Mitarbeit laben. Ein gegebenes Versprechen muss man halten: Und die Jugend darf noch nicht zu viel davon erfahren, dass viele Arbeit, die wir Menschen leisten, häufig vergebliche Arbeit ist.
>
> Mit meinem Bielitzer Zion löse ich nun das meinen Studenten gegebene Versprechen ein. Der beste Dank, welchen ich ihnen, meinen freundlichen Mitarbeitern von vor 6 und 7 Jahren, geben kann, ihnen, die mir damals mit vieler Liebe begegnet sind, mich wiederholt ihrer Anhänglichkeit versichert haben und mir manche frohe freie Stunde ihrer Jugend zum Opfer gebracht haben, ist dies mein Buch! Es ist ja wohl ein anderes geworden als dasjenige hätte sein sollen, von welchem ich meinen jungen Freunden, wenn sie als fleißige und aufmerksame Sekretäre meine trauliche Pfarrstube am Zion bevölkerten, erzählt habe; aber deswegen ist es ja wohl nicht schlechter geworden; und wenn ich mir jetzt die Seiten des stattlichen Bändchens durch die Finger fliehen lasse und an vergangene Tage denke, dann fällt mir etwa auch ein Sprüchlein ein, das jeder Wissbegierige in seiner Bibel: 1. Mos. 50,20 nachlesen kann. Dort sagt Joseph zu seinen Brüdern, die ihn an Händler nach Ägypten verkauft hatten, dem Sinne nach: seht, es ist dank Gottes Hilfe gut ausgegangen.

Der Sekretär der evangelischen Pfarrei, aber auch Wagners Frau Camilla, tingelten von Haus zu Haus, um wohlhabende Fabrikanten – und es gab nicht wenige und die meisten waren evangelisch – zur Subskription für den *Bielitzer Zion* zu überreden, um den Druck überhaupt leisten zu können.

Die über den Zusammenbruch der Sprachinsel geretteten Exemplare des *Bielitzer Zion* sind heute – mit den Worten des Historikers Walter Kuhn – ein unschätzbares Kompendium über die ältere Bielitzer Geschichte. Kuhn schreibt (*Kuhn, BER*): „*1918 übernahm Wagner, damals noch jung im Bielitzer Pfarramte, den Religionsunterricht am Gymnasium. In der Kirchengeschichte las er mit uns Schülern Stücke aus dem Werk von Biermann ‚Geschichte des Protestantismus in Österreichisch Schlesien'. Damals wurde erstmals der Sinn für die Heimatgeschichte in mir erweckt.*"

In neuerer Zeit hat auch die auf wenige Prozent der Stadtbevölkerung geschrumpfte evangelische Gemeinde, jetzt polnischer Sprache – Wagners Bücher wiederentdeckt, benutzt sie – und rühmt sie.

4 Jahre des Umbruchs

4.1 Kirchenpolitik

Bis 1920 war es noch gar nicht klar, was mit Österreichisch Schlesien geschehen würde, ob es bei Österreich bleiben würde, wie es der österreichische Kanzler Renner mit wenig Aussicht auf Erfolg vertrat, ob es zur Tschechoslowakei oder zu Polen kommen würde, oder ob es geteilt werden würde zwischen diesen beiden Staaten, wie es schließlich wirklich geschah. Dennoch schloss der Warschauer evangelische Bischof Juliusz Bursche, der um eine Polonisierung seiner Kirche bemüht war, die evangelische Kirche des Teschner Landes schon am 20. November 1918 an die polnische evangelische Kirche an, brach damit mit der altösterreichischen Tradition. Dadurch wurde die herausragende Stellung von Bielitz als „Auge des Protestantismus in Österreich" obsolet. In der Teschner Diözese hatte aus kirchenpolitischen Gründen im wiedererstandenen Polen der Senior ein Pole zu sein; es war zuerst Franciszek Michejda und nach dessen Tod der Teschner Pfarrer Karl Kulisz (*Kuhn*).

Wagners Versuche, die evangelische Kirche im ehemaligen Österreichisch Schlesien eigenständig und damit wirkmächtig zu erhalten, schienen ihm gegen Bischof Bursches Bestrebungen zur Vereinheitlichung und Warschau-Ausrichtung aussichtslos.

1923 war Wagners Amtskollege – die Bielitzer evangelische Kirche hatte traditionsgemäß zwei Pfarrer – Arthur Schmidt gestorben, und Wagner wurde sein Nachfolger als schlesischer Konsenior. Wagner verwarf Schmidts Initiative zur Gründung eines getrennten Seniorats für Gemeinden mit deutschsprachiger Mehrheit – er wollte alles tun, um die harmonische Zusammenarbeit der beiden Sprachgruppen zu ermöglichen. Als aber 1935 eine „Arbeitsgemeinschaft deutscher Pastoren" gegründet wurde, taten die Pfarrer der Sprachinsel mit, und anfangs war sogar Wagner der Vorsitzende. Wie sehr muss Wagner mittlerweile unter dem Warschauer Druck gelitten haben, dass er gegen seine vorherige Einstellung handelte?

Die nationalen Animositäten innerhalb der evangelischen Kirche stimmen traurig. 1910 ergab die letzte Volkszählung für Österreichisch Ostschlesien, also der Bezirke Bielitz, Freistadt, Friedek und Teschen 77 Tausend Deutschsprachige gegenüber 234 Tausend Polnischsprachigen und 115 Tausend „Böhmisch-mährisch-slowakisch"-Sprachigen in Ostschlesien, letztere überwiegend im Bezirk Friedek, in den anderen Bezirken zusammen nur 35 Tausend (*SORS*).

1910 waren in Österreichisch Ostschlesien 93 Tausend Einwohner evangelisch und 329 Tausend katholisch. Die Evangelischen beschränkten sich keineswegs auf die Gebiete mit deutscher Bevölkerung, Vergleiche (direkte Zuordnungen gibt es nicht) lassen schließen, dass in der polnischsprachigen Bevölkerung Ostschlesiens genauso viele Evangelische waren wie in der deutschsprachigen.

Im 19. Jahrhundert waren die Bielitzer evangelischen deutschen Pfarrer Carl Samuel Schneider und Theodor Carl Haase sehr erfolgreiche Politiker im Wiener Reichsrath für die Sache des Protestantismus in der Österreichisch-Ungarischen Monarchie. Das Sprachenproblem war noch kein virulentes. Wagner dagegen „wollte und will sich heute (in der Zeit der polnischen Republik) nicht darauf verstehen, ein politisches Mandat anzunehmen" (*BBC, Beigaben*).

Auf polnischer kirchlicher Seite war man aktiver. Während des Ersten Weltkrieges repräsentierte der polnische evangelische Pfarrer Franciszek Michejda, der 1871–72 Superintendentialvikar von Carl Samuel Schneider in Bielitz gewesen war, die polnischen Interessen und stand 1918 an der Spitze der Deputation der evangelischen Pfarrer zum polnischen Nationalrat. 1920 wurde er zum Senior der evangelischen Kirchengemeinden im Teschner Schlesien gewählt.

Franciszek Michejda wirkte auch für die Vereinigung der Teschner evangelischen Kirchengemeinden mit dem Warschauer Konsistorium, wo Bischof Juliusz Bursche engagiert für eine gesamtpolnische evangelische Kirche eintrat. Das war nicht im Interesse der Teschner Evangelischen, und schon gar nicht der deutschsprachigen Evangelischen im früheren Österreichisch Ostschlesien, das seit 600 Jahren nicht bei Polen gewesen war und jetzt von den Alliierten mehrheitlich diesem Staat zugeschlagen wurde. Doch der Vertreter der deutschen Teschner Evangelischen musste sich mit dem Konseniorat begnügen und seine Weisungen aus Warschau entgegennehmen. Die einseitige Bevorzugung der polnischen schlesischen Evangelischen und ihre Führung durch Vertreter der zahlenmäßig sehr wenigen polnischen Evangelischen außerhalb Schlesiens erzeugte einen vermutlich unnötigen Konflikt, unter dem Wagner als schlesischer Konsenior litt.

Wagners Tochter Hedda Vogl überlegt viele Jahre später:

> Vielleicht war es ein Fehler, dass unsere Eltern mit uns Kindern nie über diese Dinge sprachen und unsere aktive Teilnahme erwarteten, aber in der herrschenden Situation war es wohl Vorsicht und Angst, wir könnten unvorsichtig durch irgendwelche Äußerungen die Lage noch verschlechtern.

Bischof Bursches Ende ist traurig und tragisch: nach der deutschen Okkupation Polens wurde er verhaftet und verschwand schließlich im Konzentrationslager; seine Familie erreichte nur die Todesmeldung – ein Schicksal, das das Schicksal von Wagner vorwegnimmt.

Traurig ist auch das Schicksal von Senior Kulisz: er kam im deutschen KZ Buchenwald ums Leben.

4.2 Politik

In den schweren Kriegs- und Nachkriegsjahren mit ihrem Hunger und Elend, dem Zusammenbruch der Monarchie und der Umstellung auf polnische Verhältnisse, mit Unannehmlichkeiten und Unstimmigkeiten auch in der kirchlichen Organisation, hatte auch Wagner zu leiden.

1920 wurde Österreichisch Ostschlesien, das Teschner Schlesien oder Beskidenland, und da wiederum nur der Großteil östlich der Olsa, eines kleinen Zuflusses zur Oder, nach einem heftigen Kleinkrieg zwischen der Tschechoslowakei und Polen mit mehr als 100 Todesopfern von den Alliierten Polen zugesprochen (*Kuhn*) und 1922 in einer Wojewodschaft „Schlesien" mit dem an Polen gefallenen Ostteil des preußischen Oberschlesiens vereinigt. In diesem Oberschlesien hatte schon vor 1914 ein Nationalitätenkonflikt zwischen

Deutschen und Polen geherrscht, anders als im friedlichen österreichischen Teschner Schlesien, wo man zusammenlebte, wohl auch nach und nach die Sprache vom Polnischen zum Deutschen gewechselt hatte.

Obwohl die Alliierten Polen Schutzbestimmungen für die Minderheiten auferlegt hatten, wurde nun auch das Teschner Schlesien von den neuen Herren in den Nationalitätenkonflikt hineingezogen.

Wagners Tochter Hedda Vogl schreibt:

> Es war wohl auch die Reaktion auf die trüben Zeitläufte, dass mein Vater sich aus der weniger schönen Gegenwart in andere bessere Welten flüchtete: 1922 gründete er zusammen mit befreundeten Professoren des Bielitzer Gymnasiums die Bielitzer Volkshochschule, in der er kunstgeschichtliche Vorträge hielt, und die er fünf Jahre lang leitete. Das Studium der Geschichte unserer Heimatstadt Bielitz wurde ihm ein geliebtes Anliegen. Er war von jeher ein Frühaufsteher gewesen, nun brannte oft schon um 4 Uhr früh das Licht in seiner Kanzlei, und da saß er über den alten Chroniken, die er teils im Archiv seiner Pfarre, teils im katholischen Pfarramt aufgestöbert hatte, und studierte und bearbeitete sie. Und am Abend nach dem Dienst im Pfarramt arbeitete er weiter. „Geht, holt den Vater zum Abendessen", sagte die Mutter am Abend, und wir liefen die steile Treppe ins Erdgeschoß hinunter und klopften an der Kanzleitür. Wenn uns der Vater aufmachte – manchmal nicht gerade entzückt über die Störung –, dann war es immer, als käme man in einen ganz eigenen nur dem Vater zugehörenden Bereich. Da war zuerst die Vorkanzlei mit ihren hohen Bücherregalen an allen Wänden, sogar eine Zwischenwand war durch zwei aneinander gestellte Regale gebildet. Auch die schön-gewölbte Hauptkanzlei – jemand nannte sie „Fausts Studierstube" – war von Bücherkästen umstanden, während in der Wohnung oben auch allüberall die neuangeschafften Werke, dazu Zeitungen und Zeitschriften, lagen, die erst noch gelesen werden sollten. Ganz besonders liebte er die Fackel, die satirische Zeitschrift, die Karl Kraus bis 1936 in Wien im Alleingang schrieb und herausgab.

Am 15. Februar 1922 hatten Kommerzialrat Erwin Bathelt und Tuchfabrikant Oswald Molenda Wagner im Namen des Industriellenverbandes das erste Bielitzer Mandat für den Warschauer Sejm angetragen. Wagner hatte abgelehnt. Zehn Jahre später wird er nachsinnen, ob dies nicht ein Fehler war. Für die Erreichung seiner Ziele hätte er in die Politik einsteigen müssen, so wie es sein ungemein rühriger und erfolgreicher Amtsvorgänger Haase siebzig Jahre früher getan hatte. Aber Wagner wird schreiben: *„Unsere Sehnsüchte lagen ganz wo anders!“* (*BBC, Beigaben*).

Es ist unwahrscheinlich, dass Wagner in der Politik reüssiert hätte. Er war zu sehr von seinen Idealen überzeugt als dass er das Taktieren in der Politik mitgemacht hätte. Er will die Geschichte seines Heimatlandes objektiv dokumentieren und hält sich politisch zurück.

Wagners Tochter erinnert sich:

> Was wir in unserer Schulzeit daher auch wenig merkten, war die politische Situation, obwohl sich objektiv der politische Druck auf deutsche Institutionen mit den Jahren immer mehr verstärkte. An politische Gespräche in unserer Klasse kann ich mich nicht erinnern. Ich hörte zwar, dass mein Vater meiner Mutter gegenüber von den ständigen Kämpfen sprach. Immer schwerer wurde die Verantwortung, das Überkommene zu erhalten, immer aufreibender wurde der Kampf um jede einzelne deutsche evangelische Institution.

Nach Josef Pilsudskis Staatsstreich im Mai 1926, durch den Pilsudski praktisch absolute Macht in Polen erlangte, setzte er seinen Anhänger Dr. Michael Grażyński als schlesischen Wojewoden ein (*Kuhn* sowie die polnische Wikipedia-Seite *https://pl.wikipedia.org/wiki/Historia_Bielska-Białej*), der den Nationalitätenkampf in die staatliche Verwaltung hineinbrachte, den Druck auf die Deutschen verstärkte.

> Wenn Vater als schlesischer Konsenior der Evangelischen nach Kattowitz zum Wojewoden fahren musste, da waren auch wir Kinder ängstlich und besorgt, was er wohl für Nachrichten bringen würde. Meist waren es nicht gute, und Vaters Stimmung war entsprechend verdüs-

tert. „*O Domine in quae nos reservasti tempora*", hat er schon damals manchmal mit dem alten Ernestus Otipka, dem Chronisten der Stadt am Anfang des 18. Jahrhunderts, geseufzt.

Ab 1923 wird Polnisch Amtssprache von Schlesien, also auch im ehemaligen Österreichisch Schlesien; in Galizien war Polnisch ja im konzilianten Österreich schon seit 1869 Amtssprache gewesen. 1924 wurden die deutschen Straßennamen im immer noch ganz überwiegend deutschsprachigen Bielitz gegen polnische Namen ausgetauscht, wie man der polnischen Wikipedia-Seite *https://pl.wikipedia.org/wiki/Historia_Bielska-Białej* entnehmen kann. Dabei gingen vor allem die Bezüge zur Geschichte der Sprachinsel verloren. Namen, die sich auf örtliche Verhältnisse aber auch auf ortsgeschichtlich bedeutende Männer bezogen, wurden durch ortsfremde Namen aus der polnischen Geschichte ersetzt (*Kuhn*). Als Regierungssitz der Wojewodschaft Schlesien wurde nicht das altösterreichische Teschen sondern das vom Nationalitätenkampf gezeichnete Kattowitz im ehemaligen Preußisch Schlesien gewählt.

In der Stadt Bielitz wurde am 15. Dezember 1929 gewählt: ca. 60 Prozent zusammen für drei deutsche Listen; 22 Prozent für die polnische Einheitsliste, 18 Prozent für die Juden. Da für Bielitz das Innenministerium den Bürgermeister bestätigen musste und diese Bestätigung einem Deutschen versagt hätte, stimmten die Deutschbürgerlichen für den Polen Dr. Josef Kobiela.

Im August 1930 löste Pilsudski als Quasi-Diktator den polnischen Sejm auf, im September 1930 wurde auch der schlesische Sejm aufgelöst, in dem die deutschen Parteien zusammen mit den Oppositionsparteien eine starke Mehrheit gehabt hatten. 1934 löste der schlesische Wojewode Grażyński den Bielitzer Gemeinderat auf und ernannte den Kattowitzer Dr. Viktor Przybyla als Regierungskommissar und nur ein Viertel der Räte aus der starken deutschen Mehrheit (*Kuhn, https://pl.wikipedia.org/wiki/Historia_Bielska-Białej*).

Die Deutschen in Bielitz-Biala konnten kein Verständnis für die Polonisierungspolitik aufbringen, hatte doch das alte Österreich das Kronland Galizien praktisch schon 1869 mit seiner Hauptstadt Lemberg aus dem Verband der deutschsprachigen Kronländer gelöst und zu einem polnisch sprachigen Teilstaat Österreichs gemacht: dort hatte es seit 1867 fast nur polnisch sprachige

Schulen gegeben, und der Umgang mit den Ämtern war seit 1869 selbstverständlich auf Polnisch.

Hatten die Alliierten Polen nicht Auflagen für die Behandlung der Minoritäten erteilt? Warum wollte Polen deutsche Sprache und Kultur auf seinem Territorium offenbar auslöschen? Warum verhielten sich die polnischen Behörden jetzt genau umgekehrt wie die Österreicher bis kurz vorher in Galizien?

> Der Vater, der in jüngeren Jahren ein heiterer, fröhlicher Mensch gewesen war, ist in dieser Zeit immer ernster, ja fast düster geworden. Er sah auch manches voraus, was wir Jungen nicht sehen wollten.
>
> Vater sah Parallelen zum Schicksal so manch früheren Volksstamms, das er mit dem befürchteten Schicksal der Deutschen und Schlonsaken verglich. Er blickte hellsichtig in die Zukunft, gab sich keinen Illusionen hin: „*Ich werde der letzte deutsche Pfarrer sein*“, sagte er zu meiner Mutter.

Doch wird auch die Geschichte von Bielitz-Biala vergessen werden? Es ist eine Geschichte seiner deutschsprachigen Menschen, und – so denkt Wagner – eine Geschichte der Evangelischen, denn sie waren es, die Bielitz zu einer der wichtigsten österreichische Schulstädte gemacht haben, mit wesentlicher Unterstützung der Juden deutscher Kultur. Niemand hat diese Geschichte bisher systematisch erforscht. Er, Wagner, müsse das rechtzeitig nachholen, bevor es niemand mehr machen könne und machen würde. Auch zum Nutzen der nächsten Generationen, die vielleicht schon polnischsprachig und nur zum geringsten Teil evangelisch sein würden. Wagner sieht sich seiner Religionsgemeinschaft verpflichtet, als Getriebener, als der Letzte, der Einblick in die Seelen seiner deutschsprachigen Gemeinde hat, und in die seiner Vorgänger als Pfarrer.

Wagner sinniert manchmal: Wird es den Bielitzer Denkmälern, den physischen und den geistigen, so ergehen wie den Denkmälern der Etrusker, denen er bei seiner Reise durch Italien als junger Mann nachspürte? Deren Bücher und Schriften wurden vernichtet, ihre Schrift und sogar ihre Sprache vergessen. Von ihrer Religion wissen wir wenig. Und das, obwohl die Römer ohne die etruskische Geschichte nicht gewesen wären. Haben sie die etruskische Geschichte und Tradition gar absichtlich verdrängt oder vernichtet?

Wird der Bielitzer Dialekt bald ebenso vergessen sein wie die Sprache der Etrusker? Werden die Denkmäler, die Friedhöfe, ja die Kirchen eingeebnet werden, um die Spur der fast siebenhundertjährigen deutschen Geschichte zu tilgen?

Könnte der deutschen evangelischen Tradition Ähnliches widerfahren wie der etruskischen? Wird der Protestantismus in Schlesien, dessen Auge Bielitz immer noch ist, – bis 1918 war Bielitz „das Auge des Protestantismus in Österreich" – verschwinden? Wird die evangelische Lehrerbildungsanstalt, die in Österreich Lehrer für die ganze k. k. Monarchie ausgebildet hatte, und da besonders evangelische Lehrer, aufhören zu existieren? Wird mit dem Ende des deutschen Bielitz auch die Bielitzer evangelische Kirche eine katholische Kirche werden? Wird das deutsche Gymnasium und sein humanistischer Bildungsanspruch der Vergangenheit angehören? Manchmal tauscht Wagner, der ja in seinen ersten Bielitzer Jahren auch evangelischer Religionslehrer war, sich mit Dr. Michael Berkowitz aus, dem jüdischen Religionslehrer, der ähnliche Befürchtungen in Bezug auf den polnischen Antisemitismus hegt. Dass „seine" Deutschen, deren Kultur er sich zugehörig fühlt, noch viel schlimmer mit den Juden umgehen würden, kann er sich nicht vorstellen. Berkowitz ist schon 1935 gestorben, hat daher das jüdische Schicksal nicht miterleben müssen.

Der Bielitzer Oberrabbiner Dr. Markus Steiner ist Wagners Gesprächspartner für die Erhaltung des deutschen Gymnasiums. Steiner ist seit der Hitlerschen Machtergreifung in Deutschland sehr pessimistisch. Er kann sich seit 1933 für die deutsch-jüdische Kultur Ähnliches vorstellen wie Wagner für die deutsch-evangelische. Beide, Wagner und Steiner, haben Werfels *Die vierzig Tage des Musa Dagh*, das Schicksal der Armenier in der Türkei, gelesen. Sie tauschen ihre Meinungen zu möglichen Parallelen aus, Steiner vergleicht die Geschichte der ewigen Judenverfolgung mit der jungen Verfolgungsgeschichte der Armenier. Aber dass das Volk von Kant, Goethe und Schiller ähnliche Grausamkeiten verüben könnte wie die Türken an den Armeniern, kann Steiner sich doch nicht vorstellen. Und außerdem: Heinrich Heine, Felix Mendelsohn, auch gerade Franz Werfel, waren und sind nicht gerade sie Deutsche, jüdische Deutsche?

Wenn man Erwin Hansliks 1903 verfassten Aufsatz liest, den Wagner an den Anfang des *Buchs der Bielitz-Bialaer Chronika* stellt, gewinnt man den Eindruck, dass Wagner zwanzig oder dreißig Jahre später einen Zug aufhalten will, der längst in voller Fahrt ist. Der junge Hanslik, ein Sohn Bialas, der bald nach Wien abgewandert war, beschreibt den kometenhaften Aufstieg der Bielitzer Industrie zu Lasten der kleinen Tuchmacher auf Kosten des Verfalls des gemütlichen deutschen Stadtbildes und schließt:

> Das Verkümmern des historischen Sinnes allein vermag es manche Erscheinungen des gegenwärtigen öffentlichen Lebens unserer Siedlung zu verstehen. Das Zurücktreten des historischen Sinnes allein kann erklären, wenn in Bielitz-Biala, einer deutschen Grenzsiedlung von an 30 000 Seelen, dazu einer Stadt kapitalkräftiger deutscher Großindustrieller, Volksbildungsanstalten im größeren Stile fast völlig fehlen. Die Merkantilisierung der Landschaft führt zur Zuwanderung katholischer polnischer Arbeiter und damit zum Verlust des deutsch-protestantischen Charakters des Bielitzer Bürgertums.

Um 1930 schreibt Wagner *(BBC, Beigaben)*:

> Inzwischen (1931) sind böse Zeiten für uns alle hier gekommen. Schwerste Krisenzeiten in wirtschaftlicher Beziehung; und auch hier wieder intellektuelle Krisenzeiten; für uns alle hier! Was hat uns nicht die auch vor zehn Jahren gegründete „Volkshochschule" werden sollen! Ihr Leiter (*das war er selbst*), der seit 1920 die Obmannschaft im damaligen Volksbildungsverein für Bielitz-Biala und Umgebung übernommen hatte und dem schon fast toten, hinsterbenden Körper durch Blutinfusion und Transplantation von lebensfähigem Gewebe für eine Zeitlang das Leben gerettet hat, er hat sich von diesem Werke, welches ebenfalls „unter manchen Mühen und Sorgen geschaffen" ward, überanstrengt und überarbeitet zurückgezogen. Auch manche Intrigue unangenehmster Art, Krisen von einer Seite provoziert, von der es am meisten überrascht hat, haben dazu mitgeholfen.

> Was hat uns damals nicht als ideales Ziel vorgeschwebt! Was hat nicht die Volkshochschule uns werden sollen! Unser Ziel: ein Traum! „Eng beieinander wohnen die Gedanken, doch hart im Raume stoßen sich die Sachen“ (ein Schiller-Zitat). Es war zu viel gewesen neben seinen Aufgaben als Pfarrer und Anfeindungen blieben nicht aus.
>
> Unser Traum: ein Gebäude in der Stadt zentral gelegen, hätte erworben werden sollen. Dort die öffentliche Lesehalle. Dort die musealen Sammlungen. Dort der Sitz der Gesellschaft zur Heimatforschung in Ostschlesien! Diese Gesellschaft auf breitester Basis: deutsche und polnische Intelligenz einander loyal näherbringen; gemeinsame Ziele schaffen gemeinsames Arbeiten: ehrliche Arbeitsgemeinschaft verbürgt gegenseitiges Sich-verstehen durch Sich-achten-lernen. Unsere deutsch-polnisch-ostschlesische Kultur ist ein seit vielen Jahrhunderten hier Gewordenes.
>
> Aber um solche idealen Ziele zu erreichen, um solche Pläne in die Tat umzusetzen, dazu hätten wir, das sehen wir heute wohl ein, unbedingt in die Politik steigen müssen, uns um ein Gemeinderat-Mandat bemühen sollen … Aber dazu wollten wir uns damals (*als solch ein Mandat Wagner mehrmals angetragen wurde*) und wollen wir uns heute nicht verstehen.

Und so hätten sich andere verstanden und leider ihre Sache gar nicht gut gemacht. Wagner resoniert über die Erfolglosigkeit derer, die solche Mandate angenommen haben und schließt:

> Ach; politisch Lied ein garstig Lied! Unsre Sehnsüchte lagen ganz wo anders!

Wo, darüber will Wagner aus seinen Tagebuchaufzeichnungen später berichten, doch diese Aufzeichnungen sind in den Turbulenzen des Jahres 1945 vernichtet worden.

Aber wie viel Zeit bleibt uns noch? fällt Wagner wieder in seine trüben Gedanken. *Geht die Geschichte von Bielitz, jedenfalls die deutsche und evangelische Geschichte, nicht rapide zu Ende?*

Wagners Tochter Hedda Vogl erinnert sich:

> In den späteren Zwanzigerjahren und in den Dreißigerjahren wurde Vater bedrückter und pessimistischer: die Maßnahmen der polnischen Behörden bedrückten Deutsche und die im deutschen Kulturkreis heimisch gewordenen Juden, die sich als Deutsche jüdischer Religion sahen. Vater litt zusätzlich an dem Kulturbanausentum seiner Landsleute, jedenfalls sah er als Philosoph und Theologe mit Trauer das geringe Interesse der Bielitzer deutschen Mittel- und Oberschicht an Kulturellem.

Vielleicht spielte gekränkter Ehrgeiz, mangelnde Anerkennung mit: seine Bemühungen um die Erforschung der Heimat fanden wenig Resonanz. Nur die Jugend im Wandervogel, aus der schließlich der künftige Historiker, Professor Walter Kuhn, hervorgehen sollte, interessiert sich. Mehrmals findet sich in Vaters Schriften seine Enttäuschung, dass seine Volkshochschulgründung mit der Zeit nur noch dahinvegetierte:

> Wie war doch die Begeisterung der Jugend, die mir half, die alten Manuskripte abzuschreiben.

schreibt er wiederholt.

4.3 Und mittendrin die Schlonsaken

Wagners Geburtsort Skotschau war ein Schlonsaken-Städtchen. Es gab nur wenige deutsche Familiennamen (während diese in Bielitz, jedenfalls bis 1918, dominierten), die Schlonsaken sprachen polnisch, standen jedoch der deutschen Sprache und Kultur nahe, und die nicht wenigen wirtschaftlich Gutgestellten und intellektuell Interessierten schickten ihre Kinder auf deutsche Gymnasien und Universitäten. Der Gründer der Schlonsaken-Partei, der „Schlesischen Volkspartei", Josef Kozdon war in Skotschau Lehrer gewesen und war 1909 in den schlesischen Landtag in Troppau gewählt worden. Nach 1918 wurde er als Deutschfreundlicher von den polnischen Behörden inhaftiert, setzte sich in die Tschechoslowakei ab und wurde Bürgermeister von Tschechisch Teschen (Český Těšín).

Wagners Tochter Hedda Vogl erzählt:

> Mit allen unseren Bekannten und Freunden in Skotschau sprachen wir deutsch, und auch die, die wir als überzeugte Polen kannten – sie waren ja ab 1918 das Staatsvolk –, bemühten sich, mit uns Kindern und später Jugendlichen deutsch zu sprechen. Unser Schulpolnisch war halt doch nicht gut genug. Der Vater beherrschte die Volkssprache, das „po naszemu", und gebrauchte sie, wenn er mit seinen Hausleuten sprach, während die Mutter beim Einkauf auf dem Markt schon eher radebrechen musste, sich aber immer verständlich machen und auch nach Landessitte „handeln" konnte. Wir freuten uns immer sehr, wenn wir unsere gute Frau Klus ihr „po naszemu" reden hörten, das sie aber vielleicht uns zuliebe noch mit mehr deutschen Brocken verzierte, als sonst üblich war: „Feuerwehrmanni juz vorbereituja Ausflug", der das größte gesellschaftliche Ereignis des Sommers war, ein richtiges Volksfest, bei dem sich alles ohne Unterschied der Nationalität um das Lebzeltstandel vom Lebzelter Bieber, um Würstel- und Bierstände drängte. Deutsch mit dem typischen teschnerischen Tonfall, po naszemu, seltener polnisch hörte man sprechen, und auf dem Tanzboden mischte sich die Jugend.
>
> Dass es für die Schlonsaken, die po naszemu sprechenden Schlesier, bestimmt nicht leicht war, zwischen den Fronten – hie deutsch, hie polnisch – Stellung zu beziehen, wer hätte es ihnen verdenken können? Sie waren zur österreichischen Zeit treue Anhänger der Monarchie und des österreichischen Kaiserhauses gewesen, die ihre Kinder in deutsche Schulen und auf die Wiener Universität geschickt hatten. Im Polen der Zwischenkriegszeit mussten sie sich entscheiden und nach 1939 wieder.
>
> Im kleinen Städtchen Skotschau zerfiel die Gesellschaft vor 1918 nicht in eine polnische und eine deutsche, eher in eine katholische und eine evangelische – und natürlich eine jüdische. Und doch schlug sich ein jeder, eine jede auch damals schon national auf die eine Seite: wel-

chem Verein man beitrat, auf welche Tanzveranstaltungen man ging, ob man – sofern man sich das überhaupt leisten konnte – nach Wien fuhr.

Wenn Wagner mit dem Autobus in seine Geburtsstadt Skotschau gefahren ist und am Ring, dem Hauptplatz, Bekannte begrüßt, dann genießt er das Zusammenleben der deutschsprachigen und der polnischsprachigen Bevölkerung in dieser Kleinstadt und die im Ausleben dieser Gemeinsamkeit durch Feste engagierte kleinstädtische Gesellschaft. In der deutschsprachigen *Schlesischen Zeitung*, deren Provinzialität er distanziert gegenübersteht, schreibt er doch manchmal – schließlich hat er sie ehemals mitbegründet. Am 23. Februar 1936 (*SZ*) kann man von Wagner über das Faschingsfest des Skotschauer Volksbildungsvereins Folgendes lesen:

> Der Berichterstatter, beruflich am Samstag-Sonntag selten frei, hat den Nachmittagsbus um 5 benutzt und konnte um 6 im größten Saal des Städtchens im alten Gasthof die überraschend gelungenen Dekorationen in Ruhe bestaunen. Hans Konheisner hatte die Ringfronten des alten Skotschau in mühevoller Arbeit nach alten Zeichnungen an die Wände gemalt. Kein geringerer als der Wiener Rudolf Alt hat ja seinerzeit Motive aus Skotschau gezeichnet und aquarelliert. Ab ½ 9 kamen die Gäste, verkleidet als Typen aus alten Zeiten.

Diese beschreibt Wagner anschließend. Und dann:

> Ganz Skotschau war da und aus vielen anderen Orten waren viele gekommen. Auch die polnische Gesellschaft von Skotschau mit dem Herrn Bürgermeister, dem Herrn Gerichtsvorsteher und auch die Lehrerschaft …
>
> Bis in die Morgenstunden wurde getanzt. Kein Missklang hat gestört. Nicht das Schlechteste war, dass dieses Fest die deutsche und die polnische Gesellschaft des Städtchens, die durch Jahre hindurch einander entfremdet war, wieder einander angenähert hat. Gut so!

Das war Wagners Traum – wie bitter war Wagners Erwachen!

5 Sorgen um den Erhalt der besonderen Geschichte und Kultur von Bielitz

5.1 Gemeinsam für den Erhalt der Schulen

Bis zur endgültigen Befreiung der Evangelischen durch das Protestantenpatent 1861 hatte die Bielitzer Sprachinsel nur ein niederes Schulwesen besessen. Nach der bürgerlichen Revolution in Österreich 1849 wurden neue Gesetze geschaffen, und die damals wirkenden Pfarrer der evangelischen Bielitzer Gemeinde, Carl Samuel Schneider und ab 1859 vor allem Theodor Carl Haase, nutzten die wirtschaftliche Kraft von Bielitz, speziell der Angehörigen der evangelischen Gemeinde (damals die Mehrheit der Bielitzer Bürger) und ihre politischen Funktionen im Kremsier Reichstag bzw. im Wiener Reichsrath, um mehrere moderne Schulen zu gründen. Haase erwarb sich den Ruf, eines „Bettlers im Zylinder und in Glacéhandschuhen" bei den reichen Bielitzer Fabrikanten (*Kuhn*).

1860 vereinigten sich die beiden evangelischen Gemeinden in Bielitz und Biala und die israelitische Kultusgemeinde Bielitz zur Gründung einer dreiklassigen Unterrealschule, aufgesetzt auf die bereits existierende evangelische Volksschule.

Im *Buch der Bielitz-Bialaer Chronika* (*BBC*) schreibt Wagner (*Beigaben, Die Bielitzer Mittelschule*):

> Die ersten Jahrgänge der neuen evangelischen Schule wurde von ihren drei Elternteilen mit vieler Liebe beobachtet und auch gefördert. Insbesondere war es die Judenschaft von Bielitz, welche die Entwicklung der neuen Lehranstalt, die ihren in Bielitz wohnhaften Schülern unter den gleichen Bedingungen wie den christlichen Schülern offen stand, mit Sympathie begleitet hat und diese evangelische Realschule auch in rei-

chem Maße gefördert hat. Unter den Schülern ist das jüdische Element in diesen Anfangsjahren mit über 10 Prozent errechnet worden, in den ersten Nachkriegsjahren (nach 1918) steigt es für die Realschule und das Gymnasium zusammen nach Dr. Steiner, dem heutigen Rabbiner der Bielitzer Gemeinde, auf 47,35 Prozent.

Im Jahr 1871 wurden der evangelischen Realschule die ersten Klassen eines Staatsgymnasiums angegliedert. Haase bewirkt, dass der Staat die Anstalt schließlich (1875) übernimmt. Die Baukosten für die Erweiterung des Realschulbaues trägt die Gemeinde Bielitz, sie kann sich das leisten, denn sie gilt als eine der reichsten Städte in der Monarchie.

In den mehrheitlich deutschsprachigen Dörfern der Bielitzer Sprachinsel entstanden zehn Dorfschulen mit deutscher Unterrichtssprache.

Wagners Tochter Hedda Vogl erzählt:

> Von 1919 bis 1923 besuchte ich die evangelische Mädchenvolksschule am Kirchplatz. Im Jahr 1923 bin ich mit 10 Jahren nach Ablegung einer Aufnahmsprüfung in das „Humanistische Staatsgymnasium mit deutscher Unterrichtssprache“ eingetreten. Das war 5 Jahre nach dem Ende des Weltkriegs und eine wirtschaftlich schwere Zeit, in der das Geld knapp war, meines Vaters Pfarrergehalt sehr klein und meine Mutter sich mühte – schon damals – „aus nichts was zu machen“, aus alten Sachen selber Kleider zu nähen. Wir Kinder waren froh, die alten Schulbücher unseres Vaters weiter benutzen zu können, die er seinerzeit schon gebraucht erstanden hatte. Ich erinnere mich besonders an den Xenophon mit Vaters Randbemerkungen. Als Schülerin des Untergymnasiums durfte ich mich mit einer leuchtend roten Schülermütze mit schmalem Goldband schmücken.
>
> Im Obergymnasium kam ein breites Goldband. Ich war sehr stolz, so geschmückt in unser stattliches Schulhaus auf der Schießhausstraße gehen zu können, ein breit daliegender zweistöckiger Bau mit schöngegliederter Vorderfront und zwei Seitenflügeln.

12 Staatsgymnasium mit deutscher Unterrichtssprache. Aus: *Chojecka.* Heute beherbergt das Gebäude des ehemaligen deutschen Gymnasiums den „Komplex elektronischer, elektrischer und mechanischer Schulen".

Wir Schüler merkten nicht viel davon, dass die polnische Schulbehörde bereits 1921 Gymnasium und Realschule zu einem Realgymnasium vereinigt hatte mit einem dreiklassigen Unterbau und einer fünfklassigen humanistischen bzw. naturwissenschaftlichen Oberstufe. 1921 waren von der Schulbehörde schon drei polnische Gymnasialklassen in unserem Schulgebäude untergebracht worden, erst 1927 wurde ein eigenes polnisches Gymnasium in einem schönen großen Neubau eingerichtet. Inzwischen sank die Schülerzahl an unserer Schule von 1923 mit 719 Schülern bis 1935 auf 209 Schüler ab. Vor allem war es der jüdische Anteil – wir hatten in unserem Jahrgang ungefähr 50 jüdische Mitschüler –, der sich dem Polentum zuwandte.

Hedda Vogl schreibt weiter über ihre Schulzeit:

Seit dem Ende des 1. Weltkriegs waren mehrere Professoren, die aus Österreich stammten, in ihre Heimat zurückgekehrt, darunter die besten Freunde meines Vaters. Die verbliebenen stammten aus allen Teilen der alten Monarchie, wenige nur aus unserer schlesischen Heimat, so unser lieber Polnisch-Professor Pindor, eigentlich studierter Lateiner und Deutsch-Professor, der aber als Schlonsake die Kenntnis der polnischen Sprache mitbrachte oder sich in ihr vervollkommnet hatte. Er war mit einem Fräulein mit österreichischem Adelstitel (Bahr von Bahrenfels) verheiratet, deren Bruder in der österreichischen Regierung von Dollfuß Minister war. Er war kein nationaler Pole, wie es übrigens in unserem Lehrkörper keinen gab. Sein Polnisch-Unterricht war in keiner Weise tendenziös, und er bemühte sich, uns die Schönheiten der polnischen Sprache in seiner liebenswürdigen Weise nahe zu bringen, wofür ich ihm heute noch dankbar bin. Unser Latein-Professor Fink, unser Klassenvorstand, war Jude. Ich war bei seinem Begräbnis und hörte den Rabbiner rühmen, dass Finks Vater aus dem Osten mit einem Binkel auf dem Rücken eingewandert war und sein Sohn den Aufstieg in die akademische Welt geschafft hatte. Auch unser Geschichtsprofessor und der Mathematiker waren Juden, ich liebte sie ehrlich. Der Einfluss, den sie auf uns ausübten war wahrscheinlich ein besserer als der so mancher christlicher Professoren, die leider manchmal gar nicht auf der Höhe der Zeit und Bildung standen.

13 Lehrkörper des k. k. Staats-Obergymnasiums in Bielitz ca. 1917.
Sitzend Dritter von rechts R. E.Wagner als Religionslehrer. Aus: *Beeler Psalter.*

Unser Schuldirektor Dr. Josef Kiesewetter, aus dem westlichen Teil des ehemaligen Österreichisch Schlesien, aus der Freiwaldauer Gegend stammend, war Katholik, der erste und letzte in der Reihe seiner evangelischen liberalen Vorgänger. Unsere Schule war ja eine evangelische Gründung, deren Idee und Planung von unserer evangelischen Gemeinde und ihrem Pfarrer Theodor Haase ausgegangen war, ausgeführt mit evangelischem, jüdischem und zum wenigsten mit katholischem Geld.

Kiesewetter, Schkiss oder Schkoj mit Spitznamen der Schüler, entsprach äußerlich ganz der Vorstellung vom „Donnergott am Katheder", ein Riesenmann, der mit gewaltiger Stimme und gewaltigen Schritten unsere Schule durcheilte, seinen gewaltigen Schlüsselbund in der Hand, den er immer wieder auf Schülerrücken, die ihm aus irgendwelchen Gründen – z. B. schlechte Haltung – Missfallen erregten, niederfallen ließ. Kiesewetter besuchte täglich vor der Schule um 7 Uhr die Frühmesse, und zu seinen Lieblingsschülern gehörten in unserer Klasse zwei Schüler, die sich dem späteren Studium der Theologie verschrieben hatten. Sie haben beide dieses vielleicht nicht so ernst gemeinte Vorhaben niemals ausgeführt.

Ich sehe mich in der ersten Klasse sitzen. Es war wohl der erste Jahrgang, in dem Mädchen in größerer Zahl ins Gymnasium eintraten. Wir waren 14 an der Zahl, von denen nur 3 bis zur Matura kamen. Unser Status wechselte. Zunächst wurden wir Mädchen als ordentliche Schülerinnen aufgenommen, später verordnete die polnische Schulbehörde, dass wir nur als Externistinnen mit Sonderprüfungen am Ende des Semesters und einer Externistenmatura zu behandeln wären. Im Allgemeinen wurde von den Professoren auf diese „Reformen" wenig Rücksicht genommen, und wir Mädchen weiter als normale Schüler behandelt.

Die Hälfte der Schüler war jüdisch, die andere Hälfte mehrheitlich evangelisch, der Rest katholisch. Meine beiden Mitschülerinnen bei der Matura waren Jüdinnen. Wir waren eine ganz „normale" Klasse mit schlimmen und braven Schülern, mit Aufregungen und Ängsten vor Schularbeiten und Prüfungen und mit viel Lustigkeit und Lachen.

> Unter unseren jüdischen Mitschülern gab es große Unterschiede: da waren Söhne reicher Fabrikanten, von wohlhabenden Ärzten und Anwälten, ganz assimiliert, und Söhne von armen jüdischen aus dem galizischen Biala stammenden Aufsteigern, die noch zunächst mit hinter die Ohren gestrichenen Peies (Schläfenlocken) in die Schule kamen, am Samstag nicht mitschreiben, geschweige denn Schularbeiten machen durften. Auch in den Augen unserer jüdischen Professoren waren sie Fremdkörper, die sie manchmal mit mehr Verachtung behandelten als es die evangelischen Lehrer und auch die Mitschüler über sich gebracht hätten.
>
> Mein Vater, der ja in den ersten Jahren als Bielitzer Pfarrer auch Religionslehrer war, wie man aus obigem Bild sehen kann, pflegte einen freundschaftlichen Kontakt zu seinem Kollegen am deutschen Gymnasium Dr. Michael Berkowitz. Berkowitz war in Wien enger Mitarbeiter von Theodor Herzl gewesen und später als jüdischer Religionslehrer nach Bielitz gekommen, ein echter Österreicher. Die seit Generationen in Bielitz ansässigen Juden waren kulturell vollständig in die deutsche Kultur integriert, die Eltern meiner Schulfreundin Hertha Bendetz hatten im deutschen Theater ein Abonnement neben meinen Eltern, sprachen bestes Hochdeutsch mit Bielitzer Tonfall. Sie distanzierten sich von den in der Zwischenkriegszeit aus Ostpolen und der Ukraine zugewanderten „Ostjuden“, die anfangs noch ihre Tracht trugen, schwarzen Hut, Bart und Kaftan, und Jiddisch sprachen.

Nachdem bis 1918 praktisch alle Schulen auf der Bielitzer Seite der Sprachinsel deutschsprachig gewesen waren, war es fast zu erwarten, dass das wiedererstandene Polen die Verhältnisse ändern würde. Ab 1929 wurden die deutschen Volks- und Bürgerschulen in der Stadt und in den Dörfern reduziert. 1936 wurde die Evangelische Lehrerbildungsanstalt geschlossen (*Kuhn*). Das deutsche Gymnasium existierte als „Gymnasium mit deutscher Unterrichtssprache“ bis zum Beginn des 2. Weltkriegs, die Zahl der jüdischen Schüler nahm drastisch ab.

Im *Buch der Bielitz-Bialaer Chronika* (*BBC*) schreibt Wagner (*Beigaben, Die Bielitzer Mittelschule*) bedauernd:

> 1935 sind es nur mehr 10 Prozent jüdische Schüler, und nur noch in den oberen Klassen. Die hiesige Judenschaft hat sich fast ausschließlich den Mittelschulen mit polnischer Unterrichtssprache zugewendet, eine natürliche Erscheinung. (*Wagner ist Realist. Und kann doch nicht absehen, was Schreckliches wenige Jahre später in der Realität geschehen wird, den Juden und den Deutschen*). Und nur noch ganz wenige Veranstaltungen der deutschen hiesigen Bevölkerung sehen auch noch Juden bei sich …

Hedda Vogl schreibt aus eigener Erfahrung:

> Nach meiner Matura im Jahr 1931 haben sich die politischen Zustände weiter verschärft, auch an den Schulen: 1932 wurde der Direktor des früheren Gymnasiums, jetzt „Gymnasium mit deutscher Unterrichtssprache", Josef Kiesewetter, frühpensioniert und durch einen polnischen Schuldirektor ersetzt. An die Stelle der roten und blauen Schülerkappen traten wie in den polnischen Schulen Schüleruniformen mit der Schulnummer auf dem Ärmel. Die Anstalt aber bestand bis 1939 weiter als einzige deutschsprachige staatliche Oberschule in Polen. In den letzten Jahren meiner Gymnasialzeit fanden sich zahlreiche „fremde" Schüler in unseren Klassen ein. Sie kamen aus den von Polen aufgelassenen deutschsprachigen Gymnasien, teils aus Galizien, teils aus Posen und Westpreußen, aus Bromberg und Thorn.

1926 drohte den beiden jüdischen deutschsprachigen Volksschulen wegen zu geringer Schülerzahl die Auflösung. Rabbiner Steiner schlug dem polnischen Schulinspektor Matusiak vor, die Schule als jüdische Privatschule zu führen, doch dies wurde abgelehnt. Schließlich schlugen die Behörden vor, die Schule mit polnischer Sprache zu führen und unterstützten sie finanziell (*Kuhn*).

Sehen wir uns an, wie Wagner mit der Bedrängnis umging:

Es muss im Frühjahr 1926 gewesen sein. Heute war Wagner auf dem Weg zu einem Treffen mit dem katholischen und dem jüdischen Amtsbruder. Er verließ das Pfarrhaus am Kirchplatz, in dessen erstem Stock er mit seiner Familie eine geräumige Wohnung hatte, und ging nach links am Pfarrgarten vorbei in die Nippergasse. Der Kirchplatz liegt höher als das Stadtzentrum, die Nippergasse ist abschüssig. Es war Mai, im Pfarrgarten blühte schon der Rosenbusch, der sich bis vor die Fenster des ersten Stocks rankte. Wagner dachte an so manche winterliche Rutschpartie die Nippergasse hinunter, einmal wäre er beinahe gestürzt. Aber heute war es schön, vom Berg, auf dem das Pfarrhaus und die Kirche zu stehen schienen, hinunter in die Stadt zu gehen. Heute merkte man, dass Bielitz seinen Namen Klein-Wien zu Recht trägt: Die prächtigen Häuser um den Töpferplatz, der jetzt Plac Boleslaw Chrobrego heißt, hinter dem das Wiener Kaffeehaus „Allegri" steht.

14 Töpferplatz (Plac Boleslaw Chrobrego) und Stadtberg (Wzgórze), Bielitz (Bielsko) 1934. Radierung Walter Schwarzl.

Wagner gedachte mit seinen Amtskollegen über die minderheitenfeindliche polnische Schulpolitik und besonders über das Staatsgymnasium mit deutscher Unterrichtssprache zu sprechen und war überzeugt, dass diese die Lage so wie er sehen würden.

Seit Bielitz nach dem für die Österreichisch-Ungarische Monarchie verlorenen Krieg mit seiner überwiegend deutschsprachigen Bevölkerung zu Polen gekommen war, erschwerten sich die Bedingungen, unter denen die deutsche Schule geführt wurde. Aber wie, so dachte Wagner, hätte es auch anders werden sollen? Die Doppelstadt Bielitz-Biala war eine Sprachinsel und außer den umliegenden deutschen Bauerndörfern war das Umland polnischsprachig. Mit dem Dasein als Sprachinsel würde man schon auskommen können im aufgeklärten zwanzigsten Jahrhundert. Das Verhältnis zu den polnischen Mitbürgern war immer ein gutes gewesen.

Wagner dachte daran, dass seine Tochter im Staatsgymnasium mit deutscher Unterrichtssprache Latein lernte, eine Sprache, die Wagner als Grundlage allen Wissens ansah.

Das deutsche Staatsgymnasium war ein humanistisches gewesen, aber die polnische Schulbehörde hatte schon 1921 die beiden deutschen Oberschulen, humanistisches Gymnasium und Realschule, zu einem Realgymnasium vereinigt. Und zugleich waren damals auch drei polnischsprachige Klassen eingerichtet worden, während Gymnasium und Realschule bis 1918 wegen der geringen Zahl von Polen in Bielitz rein deutschsprachig gewesen waren. Bedarf für eine polnische Oberschule war von der Wiener Schulbehörde, die immer sehr auf Berücksichtigung nationaler Interessen der Völker der Monarchie bedacht war, vor 1918 daher nicht gesehen worden. Aber jetzt gab es ja starken Zuzug aus den angestammt polnischsprachigen Bereichen des nach mehr als hundert Jahren wieder erstandenen polnischen Staates.

Die drei Geistlichen hatten ihr regelmäßiges Treffen im Kaffeehaus Allegri nahe dem Töpferplatz, jetzt Plac Boleslaw Chrobrego.

Pfarrer Wagner hatte sich etwas verspätet, er beschleunigte seine Schritte in der Nippergasse, sah jetzt vor sich das mächtige Gebäude des Bielitzer Schlosses. Jetzt die Grüße der Glaubensgenossen freundlich erwidern, sich in kein Gespräch ziehen lassen! Nur wenige Minuten verspätet öffnet Wagner die Tür zum Kaffeehaus.

15 Wiener Kaffeehaus Allegri heute. Aus: *Chojecka.*

Da hinten saßen die beiden Amtskollegen schon an einem der typischen Wiener Kaffeehaus-Tisch. Heute würde es nicht nur freundliche unverbindliche Gespräche über das schöne Frühlingswetter geben, heute würden die Kollegen über das Schul-Thema sprechen, das auch Wagner am Herzen lag. Ihm wahrscheinlich noch mehr als den anderen.

Rabbiner Markus Steiner begann gleich damit. Von den Schülern des deutschen Gymnasiums waren viele Juden, in der Klasse von Wagners Tochter war es die Hälfte der Schüler, und so konnte das Schicksal der Schule dem Rabbiner, der ein aufgeklärter Herr war und wie alle aufgeklärten Juden in Bielitz großen Wert auf Bildung legte, nicht gleichgültig sein. Die israelitische Kultusgemeinde hatte ihr großes Interesse an der Schule schon sehr früh dadurch manifestiert, dass sie vorübergehend ihre Grundschule zur Aufnahme von Klassen zur Verfügung gestellt hatte, als der Gymnasiumsbau noch nicht fertiggestellt war. Der Zerfall der Österreichisch-Ungarischen Monarchie bedrückte den Rabbiner mehr als die anderen beiden geistlichen Herrn. Er ahnte wohl, welch schreckliche Folgen der ungehemmte Nationalismus der vielen Einzelstaaten gerade für die Juden haben würde.

Steiner erwähnte, dass nach dem Krieg mehrere Professoren, die aus Gebieten des sich jetzt Republik Österreich nennenden Teiles der Monarchie stammten, in ihre Heimat zurückgekehrt wären und dass die verbliebenen aus allen Teilen der alten Monarchie stammten. Er vergaß nicht hervorzuheben, dass sehr geachtete Mitglieder des Lehrkörpers Juden wären. Wie würde es weitergehen, könnte man sicher sein, dass die Schule deutsch bliebe? In seiner Frage, die er direkt an Wagner richtete, schwang Besorgnis mit. Pfarrer Wagner war angesprochen, denn das deutsche Staatsgymnasium war ja eine Gründung eines seiner Amtsvorgänger, Pfarrer Dr. Theodor Carl Haase.

Wagner musste antworten, aber er wollte seine Sorgen, die ihn ebenso drückten wie den Rabbiner, nicht allzu sehr deutlich werden lassen. Er begann daher, Professor Pindor zu loben, den Polnischlehrer seiner Tochter. Der sei ein echter Schlonsake, ein Beispiel für das erbauliche und fruchtbare Zusammenleben der Polen und Deutschen, beider Sprachen vollständig mächtig, mit dem gemütlichen schlonsakischen Tonfall, und überhaupt ein hervorragender Charakter. Und er betonte, gewandt an den katholischen Pfarrer, dass Direktor Dr. Kiesewetter bekennender Katholik sei, was im katholischen Polen wenigstens kein Nachteil sei. Der Amtskollege nickte.

Wagner machte eine Pause, besann sich und konnte dann doch nicht an sich halten. Schikanen gäbe es von der Staatsgewalt, er würde dies auch in seinem Amt merken. Die Polen hätten eben Nachholbedarf nach 120 Jahren Unselbständigkeit, aber er hoffe, dass es sich nur um Aktionen untergeordneter Beamter handle. Allerdings: von den deutschen Volksschulen in den umliegenden Dörfern wären schon die ersten von Schließung bedroht, jedenfalls würden sie räumlich eingeschränkt, um Platz für die Kinder der Zuwanderer aus „Altpolen“ zu schaffen.

Und dann zitiert Wagner fast beschwörend aus dem vor Kurzem erschienenen Jubiläumsbericht zum 50jährigen Bestand des deutschen Staatsgymnasiums:

> Das Schicksal hat uns vor neue Aufgaben gestellt. Die Verfassung der polnischen Republik, die in gleicher Weise von Rechten und Pflichten

der Staatsbürger spricht, gibt uns die Gewähr, dass unser Gymnasium – und er fügt von sich aus hinzu: und die übrigen Schulen mit deutscher Unterrichtssprache – sich auch in Zukunft ungestört weiter entwickeln können.

Die Herren gehen bedrückt auseinander, in ihrer gemeinsamen Überzeugung, dass alles menschliche Tun nicht ohne Gottes Willen geschehe, liegt ihre Hoffnung.

Pfarrer Wagner geht in Gedanken versunken hinauf zum Kirchplatz. Im Pfarrhaus angekommen begrüßt er seine Frau nur kurz, dann steigt er wieder die steile Steinstiege in dem 150 Jahre alten Gebäude hinunter und öffnet die Tür zu seiner Pfarrkanzlei. Er muss sich für einen Besuch beim Wojewoden vorbereiten, der mehr polnischen Einfluss auf die Auswahl und Führung der Schwestern im Evangelischen Schwesternhaus wünscht.

Genauso wie Wagner der Erhalt der von evangelischer Seite gegründeten Schulen ein Anliegen war, so identifizierte sich mit der Aufgabe, als „erster Pfarrer" für das Evangelische Schwesternhaus verantwortlich zu sein. Das Schwesternhaus, das auch Haase gegründet hatte, verfolgte das Ziel, Schwestern für die sozialen Einrichtungen der Stadt heranzubilden und den in den Spitälern und im Waisenhaus tätigen Schwestern eine Heimstatt zu geben. Die Arbeitsplätze der Schwestern waren im Bielitzer und im Teschner Landesspital. Die Führung des Schwesternhauses erforderte zähe Verhandlungen mit dem Wojewodschaftsamt in Kattowitz.

Die Arbeitsplätze der Schwestern zu sichern gelang Wagner für Bielitz: Das Bielitzer Spital wurde bis zum Ausbruch des 2. Weltkrieges von evangelischen Schwestern betreut. Es gelang Wagner sogar, das Schwesternhaus auszubauen und damit neue Wohnplätze zu schaffen und die „Niessen-Villa" als Feierabendheim für alte Schwestern zu erwerben.

16 Schwesternhaus 1906, aus: *EKBB*,
Foto Maciej Feodorów 2019.

Wagners Einstellung war, dass die Schwestern nicht wie Nonnen notwendigerweise ein Leben lang unverheiratet den Schwesternberuf ausüben sollten, eine Einstellung, die nicht von jenen geteilt wurden, die die geistliche Betreuung der Kranken und Waisen als oberstes Ziel ansahen. Einer Schwester, die im Jahr 1940 aus Westdeutschland in das Schwesternhaus hinzugekommen war, sagte er *„Sie sind zu fromm"*, wie diese noch 1987 klagend sich erinnert.

Wie bei vielen anderen Gelegenheiten zeigt sich hier Wagners liberale Einstellung im Unterschied zu dogmatischer Gebundenheit, hier gegenüber den Schwestern als Menschen.

17 Jahresfest des Schlesischen Schwesternhauses in Bielitz am 16. Juni 1929. Ganz links Pfarrer Richard Wagner und seine Frau Camilla.

5.2 Wagners vergeblicher Einsatz für Künstler und Geschichtsdenkmäler in Bielitz

Wagners Tochter Hedda Vogl schreibt:

> Vater war ein leidenschaftlicher Sammler, und dieser Leidenschaft hatte er schon als Student zu frönen begonnen: Bücher und Bilder! Wir Kinder haben manchmal im Spaß zu ihm gesagt, sie wären ihm wichtiger als seine Kinder. Wer seine Kanzlei gekannt hat, weiß, was sich da an Schätzen angehäuft hatte: Theologie, mehr noch fast Philosophie, dazu die Werke der Dichter und Schriftsteller von der ältesten bis in unsere Zeit. Wie viel Sinn hatte er für alles Schöne und Edle, und wie sehr konnte er sich freuen, wenn ihm z. B. sein verehrter Freund E. G. Kolbenheyer, auch aus einer Bielitzer Familie, seine neu erschienen Werke zuschickte. Auf Stefan George, auf Rilke, auf Heine, auf den lieben Morgenstern, auf so viele andere, die uns Lebensbesitz

und Tröster in schweren Zeiten geblieben sind, hat er uns hingewiesen. Nichts Schöneres gab es, als wenn er uns seine Bildermappen zeigte, die Stiche und Radierungen von Luigi Kasimir, Schmutzler, Stoitzner. Wie gern hat er dem jungen Radierer Karl Adler, in dem er ein großes Talent ahnte – er ist leider früh gestorben –, den hellen Dachboden unseres Pfarrhauses als Atelier zur Verfügung gestellt, wo Adler auf einer alten Handpresse seine Abzüge machte. In den Büchern meines Vaters finden sich mehrere dieser Radierungen, und einige hatte Vater in unserer Wohnung und in seiner Kanzlei aufgehängt – wo mögen sie wohl sein? Es waren Landschaften, aber auch Motive vom Kirchplatz, so unter anderen das vorher abgebildete Pfarrhaus mit dem Denkmal der Dankbarkeit und Liebe.

Ursprünglich war das Pfarrhaus als Schule gebaut worden, und meine Großmutter, die ja ein evangelisches Bielitzer Kind gewesen war, erzählte uns, wie das Schulglöckel in der Früh die evangelischen Kinder zum Unterricht in unser Haus gerufen hat. Das Glöckel hing im Oberboden, zu dem eine steile Holztreppe hinaufführte. Im unteren Bodenraum bin ich oft gesessen und habe in alten Zeitungen geschmökert oder bin auf die Suche nach alten Fehldrucken gegangen, die dort zerknüllt umherlagen.

Wiederholt klagt Wagner über den Verlust der Denkmale der Heimat, wie man am besten aus dem folgenden Bericht ersehen kann.

Ein schöner Herbstmorgen im Jahr 1924. Wagner hat am Nachmittag mit seiner Frau einen kleinen Ausflug nach Nickelsdorf gemacht, das jetzt Mikuszowice heißt, aber noch immer von Bauern bewohnt wird, die deutsch sprechen. Camilla wandert immer gern zur St. Josefsquelle am Josefsberg, auf Polnisch Magórka genannt, weil sie als Kind mit ihren Eltern in einer nahen Bauernhütte mehrmals die Sommerfrische genossen hat. Nach der Vertreibung aus der Heimat wird sie an schönen Stellen in den österreichischen Voralpen zu ihren Enkeln Jahrzehnte später immer wieder sagen „*wie bei den Goralen in Miedzybrodzie*“, das ist der Ort hinter dem Josefsberg.

Auf dem Weg zur Quelle machen Richard und Camilla Rast an der Schwedenschanze. Sonst war der Platz um die Schwedenschanze immer menschenleer, diesmal aber saß eine alte Bauernfrau vor der Schanze, und ihr dreijähriger Enkel spielte im Gras. Wagner wird sieben Jahre später die Begegnung beschreiben (*BBC, Beigaben*).

> Man grüßte und kam ins Gespräch. Es stellt ich heraus, dass die Frau die Herrin dieses Feldes und des Ortes selbst ist, auf dem wir weilen; Waluś heißt sie. Ihre Vorfahren wären seit undenklichen Zeiten bodenständig. Was das für ein Hügel hier sei? Die Leute sagen: aus der Schwedenzeit, meint die alte Frau. Ob man niemals einen Fund im Felde gemacht hätte? Münzen oder Waffen? Ja, vor Jahren, knapp vor dem Kriege (1914) wäre hier im Felde, in ihrem Felde vor dem Erlenhain, beim Pflügen eine eiserne Kugel, anscheinend ein Geschoß einer Kanone, ziemlich schwer, aber nicht ganz rund, so mehr länglich, herausgegraben worden.

Heimatgeschichte zu erkunden und aufzuzeichnen wird Wagner noch mehr als in seiner Jugend ein Bedürfnis. Im Herbst 1930 wandert er wieder mit seiner Frau zur Schwedenschanze, zur gewesenen Schwedenschanze, wie sie enttäuscht feststellen müssen. Der neue Besitzer, der Schwiegersohn der Frau Waluś, hat sie abgegraben, um auf dem planierten Platz ein Haus zu bauen. Jetzt aber möchte er doch lieber verkaufen, denn die Leute munkelten allerhand über diesen Ort. Die Dummen sagten, es spukt da.

Ob er beim Graben nichts Besonderes gefunden hätte. „*N-ei-n*“ sagt er gezogen. Aber weil die Leute von Schätzen herumreden, hätte er an der Stelle, wo die Wagners gerade stehen, tief in das Erdreich hineingestochen … Aber nur das Gerippe eines Rosses gefunden.

> Die alte Schwedenschanze bei Mikuschowitz ist – gewesen. Die Denkmäler der Heimat verschwinden, niemand fühlt sich zuständig, sie zu bewahren. (*BBC, Beigaben*).

In einem Brief an die „Schlesische Zeitung“, vom 27. März 1930 (*BBC, Beigaben*) kann man ersehen, dass Wagners Engagement für die Zeitung, die er mitbegründet hatte, nachgelassen hat und dass sein Anliegen, die Heimatforschung, vernachlässigt wurde. Wagner plädiert für eine Sonntagbeilage „Unsere Heimat“, *„etwa in der Art der seinerzeitigen Beilage zur Neuen Evangelischen Kirchenzeitung“*, die Wagner auch gegründet hatte und die erst in der Zeit der deutschen Besatzung 1940 eingestellt wurde. Wagner hat auf seinen Brief offenbar keine Antwort erhalten.

Wie schon an anderer Stelle geschildert, verlaufen Wagners Initiativen zur Gründung eines Heimatmuseums und eines Kulturhauses, die besonders die Verknüpfungen von deutschen und polnischen Einflüssen darstellen sollten, im Sand, wie er bedauernd in den *Beigaben zum Buch der Bielitz-Bialaer Chronik* schreibt.

> Unser Traum: ein Gebäude in der Stadt zentral gelegen, hätte erworben werden sollen. Dort die öffentliche Lesehalle. Dort die musealen Sammlungen. Dort der Sitz der Gesellschaft zur Heimatforschung in Ostschlesien! Diese Gesellschaft auf breitester Basis: deutsche und polnische Intelligenz einander loyal näherbringen; gemeinsame Ziele schaffen gemeinsames Arbeiten: ehrliche Arbeitsgemeinschaft verbürgt gegenseitiges Sich-verstehen durch Sich-achten-lernen. Unsere deutsch-polnisch-ostschlesische Kultur ist ein seit vielen Jahrhunderten hier Gewordenes.

Ich nehme an, dass gerade der Aspekt dieses Zusammenwirkens im „Schlonsakentum“ den Machthabern suspekt war, sie wollten polonisieren. Da ist heute – jedenfalls in der offiziellen Diktion – in Europa ganz anders: Minderheiten gelten als Bereicherung, gemeinsame Aktivitäten werden gefördert.

5.3 Der Beeler Psalter

Wie mag Wagner auf die Idee gekommen sein, Gedichte in der Mundart der Sprachinsel zu sammeln? Als Bielitzer Städter sprach er wie jedermann aus dem Bielitzer Bürgertum Hochdeutsch mit österreichischer Färbung, oder eher deren schlesisch-österreichischer Variante, und Polnisch, und in seinem Heimatstädtchen Skotschau gern das Sprachgemisch po naszemu. Auch wenn er sich selbst des deutschen Dialekts der Dörfer der Sprachinsel nicht bediente, ihn wohl auch nicht richtig sprechen konnte, sah er mit Bedauern, dass dieser schnell verging, und als Bewahrer der Heimat wollte er auch den Dialekt bewahren oder wenigstens dokumentieren.

R. E. Wagner

Der Beeler Psalter

* *

Die Bielitz-Bialaer
deutsche mundartliche Dichtung

— 1935 —

Verlag der Kattowitzer Buchdruckerei und
Verlags-Sp. Akc.

18 Der *Beeler Psalter*

1935 gab Wagner den *Beeler Psalter* heraus, dessen Kernstück der Nachdruck von Gedichten ist, die 75 Jahre früher der Bialaer Arzt Dr. Jacob Bukowski gesammelt hatte. Bukowskis Büchlein *Gedichte in der Mundart der deutschen schlesisch-galizischen Gränzbewohner, resp. von Bielitz-Biala* war kaum mehr aufzutreiben und wäre vielleicht ohne Wagners Wirken verschwunden.

Bukowski muss im Charakter ähnlich Wagner gewesen sein: aus dem städtischen Bialaer Bürgertum, deutsches Gymnasium, Studium in Wien, Rückkehr in die Heimat, als Bialaer Stadtarzt einem aufopfernden Beruf an den Menschen verpflichtet und dabei immer mit offenen Augen auf Land und Leute. Wie Wagner kam er schließlich bei der Ausübung seines Berufs ums Leben: seine Kutsche mit Pferd stürzte einen Fahrdamm hinab, und Bukowski erholte sich nie mehr von den dabei erlittenen Verletzungen, starb daran.

Wagner erzählt im *Beeler Psalter* wie in jedem seiner Werke anfangs über seine Motivation für die Schrift:

> Es war dem Herausgeber immer schon und ist ihm ein Anliegen, die in ihrer Art einzigartige mundartliche deutsche Dichtung der Bielitzer ostschlesischen Landschaft den Heimatgenossen und weiteren Kreisen wieder gesammelt in die Hand zu legen; wobei er sich der heiklen Aufgabe, die es einem Nichtzünftigen stellt, einigermaßen bewusst gewesen ist. Als er seinerzeit einen studierten Germanisten – den zu dieser Zeit vielleicht einzigen in der Bielitzer Mundart bewanderten – zur Mitarbeit und Mithilfe einlud, erhielt er die warnende Antwort: „… was glaubst Du? Hast Du eine Ahnung wie schwer die Aufgabe ist, die Du Dir stellst? … Wie willst Du aufzeichnen, was Du von den Leuten hörst?! …" Richtig! Alles richtig! Aber (*Wagner zitiert oft Goethe*) „Einer muss immer der Erste sein, und wer es sein kann, der sei es eben!"

Charakteristisch für Wagner: er will etwas anfangen und hat den Mut dafür.

Als Beispiel hier die erste und die letzte Strophe des ersten Gedichts:

Ens're alde Hajmetsproch

Wou ei de scheine alde Zait,
Wie es're Hajmetsproch met Lost
Bai ens erscholl ver olla Leut'?
An, wie vo Vögerla om Ost,
De alda Liedla rajn erklonga,
Vo Orm an Raich met Frajd gesonga.

O ehrt se, wie en hailiga Hort,
Die scheine Sproc, dos alde Lied!
Lot se vo ens ne fort, ne fort,
Geck eiwer ihr der Fend aa brüht!
Denn rechtig reda, klor zu denka,
Dos konn de Muttersproch ock lenka.

Der deutsche Dialekt der Sprachinsel ist verschwunden, in der Kattowitzer Bibliothek Śląska Biblioteka Cyfrowa kann man aber den *Beeler Psalter* digital abrufen. Wird die Forschung sich noch einmal für die ausgestorbenen deutschen Dialekte Ostschlesiens interessieren? Vielleicht doch: 2018 hat der Sprachwissenschaftler Gregorz Chromik im Rahmen einer Zusammenarbeit von Jagiellonischer Universität Krakau und Universität Regensburg eine umfangreiche Studie zur *Geschichte des deutsch-slawischen Sprachkontaktes im Teschener Schlesien* veröffentlicht (*Chromik*).

6 Wagners Traum und die raue Wirklichkeit

6.1 Wagners Traum

Wird sich jemand in Zukunft noch für die deutsch-protestantische Vergangenheit von Bielitz interessieren, war die Frage, die Wagner quälte. Er hoffte dies und arbeitete daran, diese Geschichte zu erhalten. Und in den schwierigen Zwanzigerjahren kann Wagner noch von einer erbaulicheren Zukunft träumen.

Eines Nachts träumt er vom Bielitz des Jahres 2078. Die Monarchie, die sich seit 1920 Zentraleuropäischer Staatenbund nennt, aber im Volksmund immer noch das Habsburgerreich heißt, feiert ihr 800-Jahr-Jubiläum, denn 1278 hat Rudolf I. in der Schlacht auf dem Marchfeld die Grundlage für das Imperium gelegt. Bielitz ist eine mehrheitlich polnischsprachige Stadt mit starken deutschen und jüdischen Bevölkerungsanteilen. Auf ihre eigene Geschichte, die sich noch mehr als zwanzig Jahre länger als das Habsburgerreich zurückverfolgen lässt, ist die Stadt stolz.

In seiner Jubiläumsansprache würdigt der erste Bürgermeister Pavel Kozubski, der der polnischsprachigen meist katholischen Mehrheit angehört und seine Ansprache auf Polnisch hält, den Chronisten der Stadt, den evangelischen Pfarrer Richard Ernst Wagner. Ihm war es gelungen, die Bielitzer Ansiedlungsurkunde des Piasten-Herzogs Wladisław/Wladislaus für deutsche Siedler aus dem Jahr 1252 ausfindig zu machen. Dann preist der Bürgermeister Herzog Wladislaus für seinen Weitblick: als Pole hätte er schon vor mehr als 820 Jahren den kulturellen und zivilisatorischen Austausch in Europa gefördert, viele Jahrhunderte bevor im späten 20. Jahrhundert die europäische Idee wiederentdeckt wurde.

Der jüdische Vizebürgermeister Michael Wiener spricht anschließend deutsch. Er hebt die große Bedeutung der Mehrvölkerstadt Bielitz-Bielsko als Muster für das Zusammenleben und den überwundenen Antisemitismus hervor.

Schließlich spricht der deutsche Vizebürgermeister, der evangelische Pfarrer Adam Schramek, ein „Schlonsake", wie er betont. Das Zusammenleben zwischen Deutschen und Polen sei zwar nicht immer reibungslos verlaufen, aber gerade die Verschmelzung von deutscher und polnischer Kultur im Schlonsakentum sei eine einzige Erfolgsgeschichte. Die Deutschen, besonders die Intellektuellen deutscher Zunge, hätten die polnische Liberalität und Gelöstheit, die geistige Offenheit und Freiheit immer bewundert, sie hätten sie seit 1848 als Vorbild gesehen. Die schlesischen Polen wiederum hätten die deutsche Effizienz und Ehrlichkeit geschätzt, Charakterzüge, die Herzog Wladislaus bewegt haben werden, die deutschen Siedler vor mehr als 800 Jahren ins Land zu rufen. Sein Amtsvorgänger Richard Ernst Wagner hätte in seinem *Buch der Bielitz-Bialaer Chronika* geschrieben, er würde wohl der letzte deutsch-evangelische Pfarrer in Bielitz sein. Er hätte einerseits Recht gehabt, andererseits wäre er als Liberaler hocherfreut, wenn er heute sehen könnte, wie vielseitig sich die schlonsakische Gesellschaft entwickelt habe, diese überwiegend polnisch-stämmige Gesellschaft deutscher Zunge. Soweit zu den Festreden.

Und Wagner träumt weiter: Das Zusammenleben der Sprachgruppen hat sich seit der Umwandlung der kaiserlich-königlichen Österreichisch-Ungarischen Monarchie in den Zentraleuropäischen Staatenbund gerade im zweisprachigen Teilstaat Beskidenland, im ehemaligen Österreichischen Schlesien, erfreulich entwickelt. Sicherlich gab es gleich nach dem Ende des Großen Kriegs im Jahr 1918 manche Zwistigkeit. Hätte der amerikanische Präsident Woodrow Wilson im Jahr 1918 nicht so intensiv auf die Einhaltung seiner Regeln „gleiches Recht für alle Völker" gedrängt, wer weiß was geworden wäre.

Die Dominanz der deutschen Sprache konnte von der damals zu 85 Prozent deutschsprachigen Bürgerschaft von Bielitz nicht aufrechterhalten werden. Die mit Ausnahme der Nachbarstadt Biala und der angrenzenden Bauerndörfer polnischsprachige Bevölkerung des Umlandes der deutschen Sprachinsel „diffundierte" in die Stadt ein und drängte auf mehr Einfluss. Pfarrer Wagner blickte gelassen in die Zukunft. Sein Ziel war jetzt die zweisprachige Bildungsgesellschaft.

Die Einwohner der mehr oder weniger spracheinheitlichen Nachbarstaaten blicken 2078 mit Bewunderung auf die Sprachliberalität des Zentraleuropäischen Staatenbunds aber auch auf seine wirtschaftlichen Erfolge. Der Drang zur Einwanderung ist groß, und man musste sich entschließen, Kontingente einzuführen für deutsche, polnische, tschechische, rumänische, italienische Einwanderer.

Das kleine Beskidenland ist schon etwas Besonderes, denn hier gibt es keine Sprachgrenzen, sondern hier leben die Sprachgruppen durcheinander. Ähnliches gibt es nur in Südtirol, in Siebenbürgen/Transsylvanien und in Kärnten/Slowenien. Es ist vielleicht der Kitt der Schlonsaken, der das Gebilde so friedlich und prosperierend erhält. Und möglicherweise sind es auch die Juden, auf die beide Sprachgruppen etwas neidvoll blicken, denn groß ist deren wirtschaftlicher Erfolg. Die Juden agieren deshalb vorsichtig und klug, versuchen den Neid durch besondere Großzügigkeit zu entkräften. Durch Spenden für das Schulwesen und für die Kultur. Und sie sind es auch, die häufig früher als andere die neuesten wirtschaftlichen Tendenzen erkennen und dazu beitragen, dass das Beskidenland wirtschaftlich prosperiert. Die Juden in Bielitz sprechen deutsch, besuchen die Aufführungen des Deutschen Theaters, absolvieren meist die deutschen Klassen des deutsch-polnischen Gymnasiums, am Sabbbath gehen viele in die Synagoge.

Wagner erwacht und weiß: Vor 10 Jahren wäre solche eine Entwicklung vielleicht möglich gewesen, jetzt ist der Zug abgefahren.

6.2 Polnischer und deutscher Nationalismus in der Zwischenkriegszeit und im 2. Weltkrieg

Die polnischen Behörden unterbanden seit 1920 sukzessive rein deutsche Einrichtungen, auch wenn diese kirchlich gegründet und geführt waren. Im Beskidenland, das seit vielen hundert Jahren nicht zu Polen gehört hatte, dessen autochthone Menschen sich nicht als Polen fühlten, auch wenn sie polnisch sprachen, waren sie dabei, Gewachsenes zu liquidieren.

Wagners Tochter Hedda Vogl berichtet:

> Die Briefe, die Vater uns Kindern, meinem Bruder und mir, den Studenten in Wien, aus Bielitz schrieb, erschütterten mich. Die Schikanen der polnischen Behörden, auch der polnischen evangelischen Kirchenbehörde waren nicht spurlos an ihm vorbeigegangen.

Den Kampf um die Erhaltung der deutschen Schulen trug Wagner mit Verbissenheit aus, doch er hatte keine Chance gegen die Warschauer Bürokraten, auch die kirchlichen, die geprägt waren durch die Bevormundung im russischen und preußischen Reich und jetzt gegen daran Unschuldige „zurück"-schlugen. Im Süden Polens war diese Revanche völlig überraschend, denn Galizien war seit 1867 praktisch ein polnisches Kronland der Habsburgermonarchie gewesen, Polnisch war seine Amtssprache seit 1869 und die Beamten waren Polen. Das vielsprachige winzige Ostschlesien, das „Beskidenland", hätte für Polen ein Vorzeigebeispiel für Toleranz sein können, doch Toleranz war nicht, was die Warschauer Bürokratie geprägt hatte. Die Vorsprachen beim Kattowitzer Wojewoden, einem Beamten aus dem Pilsudski-Umkreis, endeten für Wagner fast immer deprimierend.

Zwischen den Zeilen von Wagners Büchern und aus seiner privaten Korrespondenz ergibt sich: Wagner meint, dass die Polonisierungspolitik der polnischen Behörden unvergleichlich sei mit der liberalen Politik im österreichischen Teil der Habsburger-Monarchie, wo versucht wurde, alle Ethnien, alle Sprachgruppen gleich zu berücksichtigen, was Galizien, den österreichischen Teil des geteilten Polen, ab 1867 praktisch zu einem polnischen Teilstaat mit polnischer Sprache in den Ämtern und Schulen gemacht hatte.

Hedda Vogl schreibt weiter:

> Beunruhigend waren Vaters Briefe in den Tagen vor und nach dem Polenfeldzug der deutschen Wehrmacht im September 1939. Dass der „Führer" das Bielitzer Land, das ehemalige Teschner Schlesien, direkt an das Deutsche Reich anschloss statt es zum Generalgouvernement, dem polnischen Satellitenstaat des Reichs, zu schlagen, sicherte ihm die Begeisterung der immer noch mehrheitlich deutschsprachigen Bielitzer Bürgerschaft, auch des liberalen evangelischen Pfarrers. Bald sollte er erkennen, dass seine Freude übertrieben, ja ganz fehl am Platz gewesen war.

Sein unaufhörlicher Kampf gegen die Schikanen den Minderheiten gegenüber sind an Wagner nicht vorbei gegangen. Es ist verständlich, dass er den deutschen Einmarsch in die deutsche Sprachinsel Bielitz-Biala begrüßt. Aber ihm ahnt, was auf seine Gemeinde, auf seine Familie, auf seine nicht-deutschen Mitbürger, ja auf ihn selbst zukommt. Kann sich allerdings nicht vorstellen, dass die Deutschen, das Volk Lessings und Goethes, gegenüber den anderen Nationen ähnlich schikanös vorgehen würden, ja noch viel schlimmer als die Unterdrücker der Zwischenkriegszeit. Und ahnt nicht, dass die deutsche Bevölkerung Schlesiens und er selbst 1945 ein Schicksal erleiden wird, wie er es sich für die Juden bisher nicht vorstellen kann.

Kuhn schreibt (*Kuhn*):

> In der gegenseitigen Eskalation von Gewalt und Hass zwischen den beiden Völkern wurde durch die deutsche Besetzung Polens ein weiterer gefährlicher Schritt getan. Wohl merkten die Bielitzer sehr bald, wie viel Unrecht hier geschah, sie fühlten auf welch brüchigem Grund ihre Rettung fußte und sahen mit Bange in die Zukunft. Aber sie hatten keine Möglichkeit, in den Gang der Dinge einzugreifen.

Der israelische Politologieprofessor und frühere israelische Staatssekretär Shlomo Avineri, geboren als Georg Wiener in Bielitz, berichtet, dass sein Vater im Jahr vor der deutschen Besetzung 1938 mit Frau und Sohn nach Israel auswanderte, während alle Verwandten, die nicht glauben konnten, was ihnen drohte, in Auschwitz ermordet wurden.

Das Schicksal des Bielitzer Rabbiners, Dr. Steiner, wird besonders tragisch sein (https://www.wikiwand.com/en/Jews_in_Bielsko-Biała): er wird beim deutschen Einmarsch nach Lemberg fliehen, dort aber wird ihm von den kurz darauf einmarschierenden Sowjets nicht geglaubt, dass er jüdischer Rabbiner ist, denn er spricht nur deutsch und wirkt wie ein Deutscher. Er wird nach Sibirien verschickt und stirbt, damals schon an die achtzig Jahre alt, auf dem Transport.

Wagners Tochter Hedda Vogl erinnert sich:

> Vater sollte seine ursprüngliche Freude über die Befreiung und den Anschluss an das Deutsche Reich nicht lange weiter vergönnt sein. Immer wieder wurde er um Rat und Hilfe angegangen von Menschen, die nicht befreit und erlöst, sondern in Angst und Kummer waren und nach einem Ausweg und einer Hilfe aus ihrer verzweifelten Situation suchten. Vater hat keinen weggeschickt, der zu ihm kam und wohl auch Auswege gewusst, obwohl unsere Mutter und wir Kinder oft das Risiko, das er einging, als zu hoch ansahen.

Nach dem deutschen Einmarsch im Jahre 1939 wurden polnische Bauern aus den nicht-deutschen Dörfern in der Umgebung der Sprachinsel in das Generalgouvernement umgesiedelt. Aus der mehrheitlich polnisch sprachigen Nachbarstadt Saybusch (Żywiec) wurden 20 000 Menschen vertrieben, um Platz für Deutsche zu schaffen, die wiederum aus Galizien und der Bukowina umgesiedelt werden sollten.

Was hat Pfarrer Wagner von dem Schrecklichen gewusst, das sich nur ungefähr dreißig Kilometer nordöstlich von Bielitz in Auschwitz ab 1940 abgespielt hat?

Hedda Vogl weiter:

> Vaters Schwager Arthur Rotter, ein Offizier des 1. Weltkriegs, kam eines Abends (1943?) sehr bleich ins Pfarrhaus kam und sagte, in Auschwitz scheine tatsächlich Schreckliches zu geschehen. Er hatte bis dahin offenbar keine Information darüber gehabt, sie war nicht bis in die Armee gedrungen. Mutter hörte die nur vage Botschaft mit Entsetzen – und Unglauben. Vater wird mehr gewusst oder eher geahnt haben, denn zu ihm kamen viele Hilfesuchende aus Bielitz. Als evangelischer Pfarrer hatte er allerdings keinen Zugang zu politischen Kanälen, war den nationalsozialistischen Behörden aus Prinzip suspekt. Und die neuen Leute an den wichtigen deutschen Positionen waren keine Schlesier, denn die Nationalsozialisten hatten Fraternisierung der Bevölkerung mit den Einheimischen erschwert, indem sie an die wichtigen Positionen Deutsche aus dem Westen setzten. Reichsdeutsche nannten die Ost-Schlesier diese Menschen, mit dem Wort, das die Leute im alten

Österreich für Deutsche eben aus dem „Reich", dem Deutschland unter Preußens Führung, gebraucht hatten. Das Wort drückte einen gewissen Abstand zwischen den Einheimischen und diesen „Hergelaufenen" aus.

Heute erscheint es mir unbegreiflich, dass ich nichts davon wusste, was mit den Juden geschah. Meine jüdische Schulfreundin Hertha Bendetz hatte einen Gutsbesitzer in Rumänien geheiratet, und war mir entschwunden, ich habe sie erst 1961 in Wien wiedergesehen, als sie sich um die Einreise in die USA bemühte, was ihr mit ihrem Sohn zusammen auch gelang. Und mit den anderen jüdischen Mitschülern war der Kontakt nie intensiv gewesen. Dass auch viele Polen schrecklicher Bedrängnis durch die nationalsozialistische Besatzung ausgesetzt waren, und dass, wie ich heute weiß, auch viele Polen die Besatzung ihres Landes mit dem Leben bezahlten, nahm ich nicht wahr: die Kriegspropaganda hatte uns eingelullt.

6.3 Das Ende der Sprachinsel und die Flucht der deutschsprachigen Bevölkerung

Hedda Vogls Aufzeichnungen über ihre Jugend in Bielitz enden:

> Mein Mann, ein Wiener, war seit 1941 in der Wehrmacht, und ich war mit meinen beiden kleinen Kindern zu meinen Eltern nach Bielitz gezogen. Die Sommer 1942 und 1943 verbrachte ich mit den Kindern bei meiner Schwiegermutter in Reichenau an der Rax, 80 Kilometer südlich von Wien. Mit meinem Mann wechselte ich viele Briefe. Wenn ich diese Briefe heute lese, erkenne ich, dass er am „gerechten Krieg" gegen den Kommunismus zweifelte, damals blieb mir der Zweifel verborgen. Zu Weihnachten 1942 war mein Mann bei uns in Bielitz und herzte die Kinder. Im Februar 1943 erhielt ich die Schreckensnachricht: in Russland gefallen.
>
> Dass es an den Fronten nicht gut aussah, wusste 1944 zwar jeder, aber man glaubte an das „deutsche Wunder". Viele Menschen wollten nicht glauben, was bevorstand, wollten nicht gehen. So wie viele Juden

bis weit in die Dreißigerjahre nicht glauben konnten, was ihnen bevorstand, und nicht gehen wollten. Für die Juden war es noch schlimmer: kaum jemand wollte sie haben, sie mussten sich ja fest an die Überzeugung klammern, dass sie schlimmstenfalls umgesiedelt werden würden.

Weihnachten 1944 feierten wir im Bielitzer Pfarrhaus mit einem großen Christbaum. Auf unserem Kirchplatz lebten wir wie in einer Oase, und wenn mein Vater auch oft düstere Reden führte – wir Frauen wollten es nicht wahrhaben. Doch als ich am 17. Januar 1945 in die Stadt ging – verschneit und verträumt sah sie aus – und in der Papierhandlung Suchanek etwas einkaufen wollte, begrüßte mich Frau Suchanek mit den Worten: „Sie sind noch da?". „Wieso?" fragte ich zurück. „Ja es wird doch überall gepackt, viele Familien sind schon fort." Ich war wie vor den Kopf geschlagen. Ich hastete ins Pfarrhaus zurück und erklärte meinen Eltern, ich wolle die Kinder keiner Gefahr aussetzen und so rasch als möglich nach Reichenau. Mein Vater war recht ungehalten: davon wäre doch gar nicht die Rede, die Russen würden bestimmt aufgehalten, und außerdem würde ihm und uns niemand etwas tun. Wir hätten ja auch niemandem was getan. Das stimmte wohl: Der Vater hatte Juden in seiner Kanzlei empfangen – Mutter hatte ihm deshalb Vorwürfe gemacht, arme Menschen, die nicht aus noch ein wussten und für die er wenigstens Ratschläge hatte, wie sie noch hinauskommen könnten nach Schweden oder sonst ins Ausland. Er hatte auch die Frauen der polnischen Pfarrer, die ihrer politischen Tätigkeit wegen im KZ waren, immer wieder beraten und wohl auch getröstet. Nun verließ er sich auf Gegenseitigkeit. Aber ich konnte meine Mutter umstimmen, und so herrschte bald Aufbruchsstimmung bei uns. Zwei große Koffer mit Kleidungsstücken und Wäsche wurden gepackt, dazu Reisetaschen mit den wichtigsten Dokumenten und einigem Reiseproviant. Ansonsten blieb in der Wohnung alles, wie es war, der Christbaum, die Speisekammer, in der noch ein Hase in seinem Fell hing. Meine Mutter zog vorsorglich die eingebauten Laden mit dem Silberbesteck heraus und schob sie unter die Ehebetten – wir haben später über diesen Einfall gelacht. Dann kriegten die kleinen Kinder ihre warmen Sachen an, die guten Wintermäntelchen, die ihnen meine Mutter genäht hatte, dem vierjährigen Buben aus einem unserer Mäntel, seiner kleinen Schwester aus einer roten Jacke, in der ich als junges Mädel herumstolziert war. Und dann – so um 8 Uhr – kam ein Kirchendiener, die beiden großen Koffer wurden auf eine Rodel geladen, die er den Kirchplatz hinaufzog, während meine Eltern hinterher gingen. Warum ich mit den kleinen Kindern allein den unteren Weg durch die Stadt nehmen musste, weiß ich nicht, vielleicht wollte Vater unseren Auszug nicht publik machen. Ich führte an jeder Hand ein Kind, der Weg auf den schneeglatten Straßen durch die verdunkelte Stadt war nicht angenehm. Auf halbem Weg schloss sich uns ein fremdes junges Mädchen an, das sich – ich werd's ihr nie vergessen – erbötig machte, mir zu helfen und mir die schwere Handtasche abzunehmen, in der sich meine Papiere und Geld befanden. Ich war etwas besorgt, aber die Kinder wären nicht mit der Fremden gegangen. Und sie war ein hilfreicher Engel …

Es erstaunt mich im Nachhinein, dass die Flucht so wohlorganisiert war, doch eine Woche später verließen die letzten organisierten Züge Bielitz.

Am Nachmittag kamen wir in Reichenau an und standen bald vor dem alten Familienhaus, wo uns meine Schwiegermutter erwartete. Das Haus war übervoll mit den Familien einiger höherer Angestellter eines aus Wien ausgelagerten Forschungsinstituts, des Lecher-Instituts, und mit Verwandten, einige aus Westdeutschland. Wir wurden alle fünf in einem Zimmer untergebracht, wo der alte Kachelofen leider nicht zum Brennen zu bringen war. Nach einigen Tagen erhielten wir einen Eisenofen, auf dem wir auch notdürftig kochen konnten. Es war eine drangvolle Enge, und kein Wunder, dass mein Vater sich nicht lang zurückhalten ließ und seinen Entschluss verkündete, nach Bielitz zurückzukehren. Wir ließen ihn in großer Sorge abziehen. Mutter hatte ihn unbedingt begleiten wollen, aber auf mein inständiges Flehen blieb sie bei uns. Was hätte ich später ohne sie getan, die ich ja wohl nie mehr wiedergesehen hätte?

„Mich hat niemand entpflichtet, und ich habe mir nichts vorzuwerfen“ sagte Vater.

Am 1. April war Ostern, und am Karfreitag ging die Flucht von Reichenau weiter nach Westen. Die Russen waren nun auch schon hier ante portas, und die ganze Familie brach auf. Das Lecher-Institut verlagerte alles nach Westen und legte seinen Angestellten auch die Flucht nahe. Es ergab sich die Möglichkeit mitzufahren, wir verließen den Zug aber schon in Leoben, denn ich hatte mit einer Freundin, die eine große Villa am Attersee besaß, vereinbart, im Fall einer weiteren Flucht bei ihr unterzukommen. Irgendwie kamen wir von Leoben ein paar Kilometer weiter nach Treglwang, wo wir in der Dorfschmiede bei guten freundlichen Leuten Unterkunft fanden. Ein Bauer schenkte uns zwei Eier und sagte: *„Ich sehe, dass Ihr edle Frauen seid“* – wie im Nibelungenlied. Ich glaube, bei allem Elend haben wir da doch ein bissel gelacht.

Eine fliehende Wehrmachtskolonne nahm uns dann in einem leeren Postwagen ohne Fenster bis Ischl mit. Dort versuchte ich es einmal im evangelischen Pfarrhaus – vergebens. Wir saßen endlich auf dem Bahnhof mehr tot als lebendig – und ab gings mit der Salzkammergut-Lokalbahn Richtung Attersee. Unterwegs fiel mir die Familie Frisch ein, der wir durch mancherlei Freundschaftsbande verbunden waren, und nach der elendiglich verbrachten Nacht stiegen wir rasch entschlossen in St. Gilgen aus, ließen das Gepäck am Bahnhof und machten uns auf den Weg nach Brunnwinkel, dem Sommersitz der Frisch-Familie. Aber der Weg dorthin ist weit, und zum Schluss wussten weder wir noch die Kinder, wie wir uns weiterschleppen sollten. Endlich war das Wegerl da, das man uns als letzte Etappe auf dem Weg nach Brunnwinkel beschrieben hatte, und wir stiegen ab zum See und den schönen Bauernhäusern der Frisch-Brüder, zur Frau Professor und zu meiner lieben Gretl, der Frau von Werner, dem Corpsbruder meines gefallenen Manns. Und wir wurden aufgenommen – vielleicht nicht allzu beglückt – aber doch sehr lieb und freundlich. Für uns war das ein unvorstellbarer und unvorhersehbarer Glücksfall, trotz aller Not und dem großen Hunger, den Mutter und ich dort gelitten haben: Wir waren glücklich, wenn wir wo ein paar Kartoffelschalen aufklauben konnten, die Brennnessel- und Sauerampfer-Flora haben wir ganz zerstört und auch die Weinbergschnecken-Population – wir aßen bis zu 40 davon bei einer Mahlzeit.

Wir konnten an den kulturellen Veranstaltungen der Familie Frisch teilnehmen und die Bienenforschung des späteren Nobelpreisträgers Karl von Frisch auf den Wiesen um Brunnwinkel wenigstens aus der Ferne miterleben.

Im Sommer 1945 erreichte uns die nächste Schreckensnachricht: unser Vater wäre im Mai von den Polen verhaftet und ins Lager Zgoda in Schwientochlowitz (Świętochłowice) gebracht worden, wo er am 3. August gestorben wäre.

6.4 Wagners Tagebuch und sein Tod im Lager

Wagner führt seit seiner Rückkehr nach Bielitz ein detailliertes Tagebuch, aus dem wir die Ereignisse der nächsten dreieinhalb Monate miterleben, miterleiden können.

Sein Amtsbruder Paul Karzel, gerade dabei, Bielitz zu verlassen, traf Wagner zu seiner Verwunderung Ende Januar auf dem Kirchplatz, hatte gedacht, dieser wäre bei seiner Familie in Niederösterreich geblieben. Wagner bat Karzel zu gehen, sagte „*Ich bleibe, es ist sinnlos, dass zwei Pfarrer bei der geschrumpften Gemeinde bleiben*".

Am 1. Februar 1945 ist die Front an Bielitz herangerückt, Kanonendonner, Flak, Maschinengewehrsalven. Wagner nimmt Abstand von seinem Plan, Post zur Familie in der Wiener Umgebung und an Freunde abzusenden, bleibt im Pfarrhaus am Kirchplatz. Nachmittags setzt er sich in seine Kanzlei und liest in Ebner-Eschenbachs *Gemeindekind.*

> Etwa zehn Minuten vor vier Uhr, *so schreibt er,* mag es gewesen sein, ich war in das Buch sehr vertieft, da krachte eine Bombe unmittelbar vor das Pfarrhaus hin. Vier gewaltige Detonationen waren erfolgt; ich war in Qualm, Rauch und Staub verschüttet und wusste in dem großen Krach nur: es ist etwas Böses geschehen! Einen Augenblick mag ich verstört gewesen sein, aber das Bewusstsein blieb wach, und ich wusste: rette dich, wenn du noch kannst. Ich suchte mit halbgeschlossenen Augen und sausenden Ohren den Ausgang, zwischen Fetzen und Trüm-

> mern kam ich zur Polstertür. Gottlob die ging auf; über Trümmer ging ich gebückt weiter zur Ausgangstür aus der Vorkanzlei. Die Verwüstung allenthalben war groß, in meiner Kanzlei ein wüster Schutthaufen.

Wagners Tagebuch-Notizen setzen dann einige Tage aus, und erst am 7. Februar macht er wieder Eintragungen. Wagner ist in die benachbarte Villa des alten Herrn Niessen, das Feiertagsheim der Schwestern, gezogen, denn die Pfarrwohnung ist voll Zerstörung. Er schreibt, er würde im Pfarrhaus und in der darüberliegenden Pfarrwohnung aufräumen, hätte Feuer im Küchenofen gemacht und eine Suppe aus den Fleischknochenresten gekocht, die vom letzten von seiner Frau Camilla vor der Abreise gekochten Essen übrig waren, mit Nudeleinlagen aus den aus Glassplittern ausgesuchten Nudelresten. Mittags spricht eine Frau wegen einer Beerdigung vor.

Am Sonntag, 11. Februar predigt Wagner vor sechs Anwesenden, es ist der Tag, an dem die deutsche Armee Bielitz aufgibt. Er nimmt Trost aus der Bibel:

> Du warfest mich mitten ins Meer, da die Fluten mich umgaben; alle Deine Wogen und Wellen gingen über mich.

Nach dem Einmarsch der sowjetischen Armee am 12. Februar 1945 ereignet sich nichts außergewöhnlich Bedrohliches. Russische Patrouillen kommen mehrmals ins Pfarrhaus, sind menschlich, eine Requirierung des goldenen Oberinnenkreuzes im Schwesternhaus durch einen Soldaten macht der gesittete russische Offizier rückgängig. Dann kommen die russischen Nachhuten, die suchen sehr wohl nach Mitzunehmendem und Mädchen.

Am Sonntag, 25. Februar schreibt er ins Tagebuch:

> Am 13. Februar hatte ich das Pfarrhaus verlassen müssen. Es folgten die Tage, die ich im Kalender dies acer und dies ater genannt habe; in den beiden Wochen vermochte ich den Kalender nicht zu ergänzen, mühsam habe ich den Verstand und Willen zusammengehalten, um nicht zu verzagen.

Die Tagebuch-Aufzeichnungen sind wohl für seine Familie gedacht, denn er spricht sie im Folgenden an:

> Meine Gedanken gehen zu Euch Lieben in der Ferne; ob es recht von mir war, dass ich Euch verlassen habe und nicht zu Euch nach Reichenau zurückgekehrt bin? Gott weiß es; wir müssen die Wege gehen, die er uns führt. Was ich hier täglich sehe, höre, denke und erlebe, ist so viel Schweres und Schwerstes!

Am 18. Februar war Wagners jüngere Tochter Käthe bei einem amerikanischen Luftangriff bei Wien ums Leben gekommen, aber das erfuhr er erst später.

19 Richard Ernst Wagner, gezeichnet von seinem Freund, dem Bialaer evangelischen Pfarrer Bruno Porwal am 26. Februar 1945.

15.3. Gestern sind die Spitalsschwestern von ihren Arbeitsplätzen entfernt worden und haben Zuflucht hier im Haus gesucht und gefunden. Der gestrige Vormittag hat den Matriken gehört, viele Menschen empfangen.

Viel viel Leid und Traurigkeit, ich erfahre auch viele Freundlichkeiten, aber das Hiersein ist sehr schwer. Ich lese im Faust und in der Bibel, auch Mörike.

Am 1. April ist Ostersonntag. 1000 Gottesdienstbesucher, davon vielleicht 100 aus Bielitz, die anderen aus Drahomischl, Ernsdorf, Kurzwald, Matzdorf, Batzdorf. Die evangelischen Pfarrer dieser Gemeinden waren in den Westen geflohen, Pfarrer Wagner in Bielitz und Pfarrer Porwal in Biala waren als einzige evangelische Pfarrer der Bielitz-Bialaer Sprachinsel geblieben.

9.4. Morgen ist der Tag, der mir in der Erinnerung jetzt gar wehe tut. Vor 33 Jahren standen wir, Mama und ich am Traualtar in Biala; ich denke an Euch, Ihr Lieben, tagtäglich mit großen Sorgen … Ob Ihr noch lebt? … Du liebe Gute , die Du 33 Jahre mit mir Geduld gehabt hast!

Ach seid mir nicht böse, dass mich mein Drang hierbleiben ließ, wo ich seither so viel schreckliches Leid erfahren musste, indem ich es mit so vielen Unglücklichen teile!

Nur das Bewusstsein, dass ich mit meinen schwachen Kräften doch vielen anderen, sei es mit Trost und Zuspruch oder mit einem Stückchen Brot helfen durfte, lässt mich selber Trost in all dem vielen Leid finden und die Zuversicht, dass ich einem höheren Willen folgen muss! Gott behüte Euch, Ihr Lieben und mich, ist mein ständiger Wunsch und „Alles Tun steht in Gottes Hand" meine Zuversicht. Ich habe im Amt vielerlei Pflichten zu erfüllen, und diese Arbeit ist mein Trost. … *„Ad quae nos reservasti o Domine tempora?" schreibt er wie Otipka nach dem Dreißigjährigen Krieg.*

Gott behüte Euch, meine Lieben alle! O, meine liebe Mama! Wenn Du noch lebst, denk morgen an mich mit dem gleichen Wunsch wie ich an Dich: Gott behüte Dich, Dich und Euch alle, Ihr Lieben in der Ferne!

12.4. Meine Ablenkung finde ich in der Bibel und in Goethes kleinen Bänden, dazu lese ich in den beiden Gesangsbüchern nach, im polnischen für die Andacht in der Kirche, im deutschen zur Erbauung …

14.4. Die Lektüre in Wantulas Trzanowski-Schrift konnte mich auch nicht mit helleren Gedanken erfüllen. Aber es ist doch nur so allein richtig: alles Tun steht in Gottes Hand, und was kommt, muss getragen werden. Hier im Niessenhaus kommen gute Menschen zu mir und erzeigen mir ihre Freundlichkeit, unbekannte Leute bringen uns mancherlei und übergeben es mir und den Schwestern. Bald eine Düte Mehl, bald eine Düte Erbsen, Eier, auch etwas Süßes, Gebackenes: so liegt doch darin etlicher Trost in dieser herben Zeit.

16.4. Heut hab ich's über mich vermocht und habe nach langer Zeit mein Pfarrhaus betreten: o welcher Jammer! – Der kostbare Marmortisch steht noch da und wenige Bücher sind noch vorhanden von dem einstigen so reichen Schatz! Besitz ist Ballast.–?

18.4. etliche „Besucher": einen angeblichen Professor der Lubliner Universität bei meinen restlichen Büchern angetroffen, „beauftragt, nach wissenschaftlichen Büchern im Land zu fahnden".

26.4. Ich fürchte mich, in den blühenden Garten zu gehen und dort an alles erinnert zu werden; aber bei allem Leid will ich die Hoffnung.

3.5. In vielen Sorgen und mit trüben Gedanken gehen die Tage dahin: zwecklos ist das Dasein ja nicht; es kommen alle Tage Leute, denen man helfen muss. Mütter, die für ihre Kleinen Matrikelausweise erbitten, Trauernde und Bekümmerte, welchen ein Trostwort guttut; aber wer hilft mir und wer tröstet mich, wenn ich an Euch, meine Lieben, denke? Immer wieder spricht man mit Leuten, die sich eng an einen anlehnen und ein gutes Wort erhoffen: immer schwerer wird es für uns alle. Wo seid Ihr Lieben? Wie ist es Euch ergangen? Ach, dass Euch Gott behüten wolle! Aber es steht alles in seiner Hand. In Blüten prangt unser Garten, aber jede Blüte will mir zur Träne werden, und ich ringe stark mit mir. Gott schütze und behüte Euch alle!

Diesen Aufzeichnungen stellt Wagner das Motto aus dem alttestamentarischen Buch Jona voran: „*Du warfest mich in die Tiefe, mitten im Meer, dass die Fluten mich umgaben. Alle Deine Wogen und Wellen gingen über mich …*“, aber er fügt hinzu: „*Dennoch bleibe ich stets bei Dir, Gott.*“

Und dann plötzlich: am 16. Mai wird Wagner – angeblich auf Initiative des kommunistischen Bürgermeisters von Skotschau, Wagners Heimatort, wo er sein Häuschen mit Garten besitzt, verhaftet und ins Lager Zgoda in Świętochłowice (Schwientochlowitz) gebracht. Was sich dort ereignete, ist aus den Aufzeichnungen der wenigen Überlebenden zu entnehmen. Das Lager war kein Arbeitslager. Die Literatur aus den Konzentrationslagern der Nationalsozialisten ergibt durchgehend, dass Arbeitslager bei all dem Druck und der mangelhaften Ernährung eher zu ertragen waren als Lager ohne Arbeitseinsatz. Oft kämpften die Lagerinsassen darum, zum Arbeitseinsatz zu kommen, und hatten durch den Arbeitseinsatz höhere Überlebenschancen.

Zgoda war kein Arbeitslager. Schwer von der deutschen Besatzung Geschädigte, Menschen, die ihre Familie in einem KZ verloren hatten, waren Lagerleiter und Bewacher.

Da man der Schuldigen unter den Deutschen nicht habhaft werden konnte – sie hatten sich rechtzeitig in den Westen abgesetzt – rächten sich Polen und Juden an Deutschen, weil sie Deutsche waren. Nach den uns in polnischen und deutschen Quellen vorliegenden Berichten war der Lagerleiter von Zgoda wohl ein ähnlich entmenschtes Wesen wie die Lagerleiter der KZs der Nationalsozialisten mit großer persönlicher Brutalität. Dies soll nicht der Ort sein, um Wagners schreckliche drei Monate in Zgoda zu schildern. Gerhard Gruschka, der im Alter von 14 Jahren nach Zgoda kam und wie durch ein Wunder überlebte, hat darüber ein Buch geschrieben (*Gruschka*). Überlebende berichten, dass Wagner immerfort versuchte, andere Lagerinsassen vom Nicht-sich-Aufgeben zu überzeugen. Er war auch in den drei Monaten, bis ihn der Tod am 3. August erlöste, eine Stütze seiner Gemeinde, die er sich nicht ausgesucht hatte.

Eine Schicksalsgefährtin von Pfarrer Wagner, die mit ihm alle Grausamkeiten des Lagerlebens am eigenen Leib zu spüren bekam, schrieb (*Bielitzer Evangelischer Rundbrief 33 (1965)*):

> Noch einen Mann gab es in unserem Lager, der von tiefstem Gottvertrauen beseelt war. Es war unser allseits verehrter Herr Pfarrer Dr. Wagner. Dem Verbot trotzend verstand er es, sich den Wirrwarr vor dem abendlichen Appell zunutze machend, in die Nähe der Frauenbarracke zu kommen, wo wir ihn gleich umringten und ihm unsere Sorgen vortrugen. Immer hatte er Tröstungen und ermutigende Worte für uns bereit, die uns wieder Kraft gaben. Immer verwies er uns darauf, den Mut nicht zu verlieren und uns im Glauben fest an Gott zu klammern, der uns durch Leid prüfe, und hielt uns vor, dass ohne den Willen des Allerhöchsten kein Sperling vom Dach falle. Vollkommen entkräftet und stark fiebernd, schleppte sich Pfarrer Dr. Wagner, so oft es nur ging, zu uns hin, um uns seinen Segen zu spenden, dem wir, ob katholisch oder evangelisch, entgegenlechzten. Und eines Tages kam er nicht mehr. Uns aber blieb sein Segen und sein Gottvertrauen.

Bei seiner Amtseinführung als Pfarrer in Bielitz 1914 hatte Wagner eine Predigt zur Bibelstelle 2. Korinther 13,11 gehalten:

> Zuletzt, liebe Brüder, freut euch, lasst euch zurechtbringen, lasst euch mahnen, habt einerlei Sinn, haltet Frieden! So wird der Gott der Liebe und des Friedens mit euch sein.

Diese Forderung des Apostels Paulus hätte Pfarrer Wagner nach einunddreißig Jahren Dienst, im Lager Zgoda durchaus wiederholen können, an einem Ort des Schreckens, an dem dieser Hinweis auf den Gott der Liebe und des Friedens dringend nötig gewesen wäre. Pfarrer Wagner hat in seinem Leben und auch im Lager von diesem Gott Zeugnis abgelegt.

Pfarrer Wagner litt tapfer und bekannte:

> „Zawinili inni; cierpieć muszą i znieść niewinni"
> („Andere haben es verschuldet; der Unschuldige muss leiden und ertragen").

In Zgoda, wo Wagner in ein Massengrab geworfen wurde, gibt es jetzt eine Tafel an der Außenmauer des ehemaligen Lagers. In welches Massengrab er dort im August 1945 geworfen wurde, ist unbekannt.

7 Es gibt doch eine Zukunft

7.1 Das „Auge des Protestantismus" ist nicht erblindet

> Für wen schreibe ich?

frägt sich Wagner oft. Und antwortet selbst:

> Für uns, für Deutsche und für Polen. Und für die Schlesier, die seit Geschichte aufgezeichnet wird, ein Volk dazwischen, ja ein eigenes Volk, gewesen sind. Ich sammle und schreibe auch zum Nutzen der nächsten Generationen, die vielleicht schon polnischsprachig und nur zum geringsten Teil evangelisch sein werden.

Wagner schreibt im *Buch der Bielitz-Bialaer Chronika* zum Geleit

> Dieses Buch will ein Beitrag zur Verständigung sein, eine Brücke,

und im Schlusswort sagt er:

> Das Buch der Bielitz-Bialaer Chronika ist ein Geschenk des Autors an seine Heimat.

Der wissenschaftliche Chronist der Stadt Bielitz, Walter Kuhn, damals schon emeritierter Professor der Universität Hamburg, schreibt zu seiner *Geschichte der deutschen Sprachinsel Bielitz (Schlesien) 1981,* dass Wagner entscheidende Grundlagen zur Stadtgeschichte von Bielitz gerettet hat, deren Handschriften inzwischen verloren oder unzugänglich wären. Die über den Zusammenbruch der Sprachinsel geretteten Exemplare sind heute – mit Kuhns Worten – ein unschätzbares Kompendium über die ältere Bielitzer Geschichte, und in neuerer Zeit hat auch die auf wenige Prozent der Stadtbevölkerung geschrumpfte evangelische Gemeinde, jetzt polnischer Sprache – Wagners Bücher wiederentdeckt und benutzt sie, und auf der polnischen Wikipediaseite *https://pl.wikipedia.org/wiki/Richard_Ernst_Wagner* wird Wagners Lebenswerk ausführlich besprochen und gerühmt.

2017 hat die evangelische Gemeinde Bielsko-Biała zum 500 Jahr-Jubiläum der Reformation ein eindrucksvolles Buch zur Geschichte des Protestantismus in Bielitz und Umgebung (der ehemaligen evangelisch-deutschen Insel) herausgegeben: *Pod znakiem róży nad Białą (Im Zeichen der Rose über der Bialka)* (*PZR*). Dort schreiben die Autoren:

> Für die Geschichte der Stadt war die journalistische und historische Tätigkeit von Pastor Dr. R. E. Wagner von großer Bedeutung. In den Jahren 1926–1940 veröffentlichte er die an die örtlichen Gemeinden gerichtete „Neue Evangelische Kirchenzeitung" mit der historischen Beilage „Unsere Heimat" anstelle der österreichischen „Evangelischen Kirchenzeitung". Die Krönung seiner Werke war die Veröffentlichung einer Sammlung historischer Quellen Das Buch der Bielitz-Bialaer Chronika im Jahr 1938. *Übersetzung Gero Vogl*

Am Ende seiner Betrachtung über Třanowsky-Tranoscius im *Buch der Bielitz-Bialaer Chronika* fügt Wagner eine Fußnote ein:

> Zum 29. Mai 1937 ist der dank der freudigen Mithilfe der evangelischen Glaubensgemeinde errichtete „neue Brunnen" am Bielitzer Kirchplatz mit einer Beschriftung versehen und damit fertig geworden. An den vier Seiten des Brunnens sind die Namen verdienter vormaliger Pastoren eingemeißelt worden. Die Nordseite trägt den Namen des Luther der Slawen und vormaligen Bielitzer Pastors in allerschwerster Zeit religiöser Bedrückung: Georgius Tranoscius. Der Brunnen hätte nun auch seinen Namen: Der Bielitzer Pastorenbrunnen: Fons Pastoralis.

Dieser Brunnen ist 1945 zugeschüttet worden, die Inschriften ausgemeißelt und unkenntlich gemacht wie viele Friedhofsinschriften. Doch 2016 hat Altbischof Jan Szarek den Brunnen wiederherstellen lassen.

Im Jubiläumsband der evangelischen Gemeinde Bielsko-Biała *Pod znakiem róży nad Białą* steht geschrieben:

> Auf Initiative von Pastor Wagner wurde 1934 vor der Kirche der steinerne Pastorenbrunnen aufgestellt, in den zwei Jahre später die Namen von vier angesehenen Pastoren der Bielitzer Gemeinde: Georg Tranoscius (Třzanowski), Lucas Wencelius, Johann Georg von Schmitz und Karl Samuel Schneider, eingraviert wurden. Ohne die Information in Wagners Buch der Bielitz-Bialaer Chronika wäre die Erneuerung der Inschriften nicht möglich gewesen. *Übersetzung Gero Vogl.*

So ist eines der Anliegen Wagners doch erfüllt worden: der Protestantismus in Bielitz ist erhalten geblieben und blüht, wenn auch in einer sehr geschrumpften Gemeinde.

20 Der 2016 wiederhergestellte Pastorenbrunnen, „Fons Pastoralis", vor der evangelischen Kirche in Bielitz. Aus: *EKBB*, Foto Maciej Feodorów.

Heute werden also Wagner und Wagners Chroniken wiederentdeckt, vorerst von den Evangelischen. Die Brücke zur Verständigung, die er aufspannen will, wie Wagner im *Buch der Bielitz-Bialaer Chronika* zum Geleit schreibt, wird in neuer Zeit – jedenfalls von den Evangelischen – schließlich begangen.

2020 hat die Evangelische Gemeinde Bielsko-Biała das Buch *Evangelicki Krajobraz Bielska-Białeji (Die evangelische Landschaft von Bielitz-Biala)* (*EKBB*) herausgegeben, und macht darin ausgiebigen Gebrauch von Informationen und Bildern aus Wagners Büchern. So ist nicht umsonst gewesen, was er geschaffen hat, und für Wagner wurde im Jahr 2005 eine Gedenktafel in seiner Kirche in Bielitz enthüllt.

21 Gedenktafel für Pfarrer Dr. Richard Ernst Wagner in der Bielitzer Erlöserkirche (www.beskidia.pl).

Übersetzung (Gero Vogl):

KS. DR. RICHARD E. WAGNER

PFARRER DER BIELITZER GEMEINDE
1914–1945
TREUER PASTOR
HISTORIOGRAF DES BIELITZER ZIONS

* SKOTSCHAU 5. III. 1883
† LAGER SCHWIENTOCHLOWITZ-ZGODA 3.VIII. 1945

HERR, ALLMÄCHTIG UND VERGEBEND
MACH ES MÖGLICH, DASS DAS OPFER SEINES LEIDENS
DER VERSÖHNUNG DIENT

AM TOTENSONNTAG
A.D. 2005

Wagner hat seinem *Buch der Bielitz-Bialaer Chronika* das Motto vorangestellt:

> „Was vergangen, kehrt nicht wieder; aber stieg es leuchtend nieder, leuchtet's lange noch zurück."

7.2 Abschied von Bielsko-Biała

Bischof Szarek habe ich 2012 zum letzten Mal getroffen: Wir besuchten nach dem Gottesdienst das evangelische Gemeindezentrum Bielsko, und der neben mir sitzende ältere Herr, den ich nicht erkannte, gab sich als Ian Szarek, der emeritierte Bischof der evangelischen Kirche Polens zu erkennen. Vor Jahren, als er junger Vikar in Bielsko war, hätten wir uns zum ersten Mal getroffen.

Damals herrschte noch der Kommunismus, und offene Gespräche waren problematisch.

Diesmal erzählt er ausführlich: Sein Vater sei der Bielitzer Fuhr-Unternehmer gewesen, zuerst mit Kutschen und später als erster mit einem Kraftfahrzeug, und hätte meinen Großvater, Pfarrer Wagner, häufig zu dessen Einsätzen in den Kirchen der Dörfer um Bielitz kutschiert. Und Bischof Szarek berichtet, dass Wagner ihn 1936 getauft hat.

Sein eigener Vater hätte 1945 im selben städtischen Gefängnis geschmachtet wie Wagner, sei jedoch von seinem Sohn befreit worden, der sich der Polnischen Volksarmee auf sowjetischer Seite angeschlossen und mit ihr Berlin erobert hatte. Solch einen Befreier hatte mein Großvater Wagner leider nicht.

Vor der Heimfahrt besuchen wir jedes Mal die evangelische Kirche und studieren mit unserem mehr als lückenhaften Polnisch die würdige Erinnerungstafel an den Tod von Pfarrer Dr. R. E. Wagner im Lager Zgoda im August 1945. Sie ist an repräsentativer Stelle gleich neben dem Kirchentor angebracht.

Wir unterbrechen dann jedes Mal unsere Rückfahrt in Wagners Heimatstädtchen Skoczów, früher Skotschau, wandern am Ufer der Weichsel entlang, suchen mit den Augen in der Weichsel nach Fragmenten von Findlingssteinen, wie sie Wagner mit seinen Kindern vor achtzig Jahren im Fluss aufgespürt hat.

Bei einem der Besuche im heutigen Skoczów klopften wir an die Tür von Wagners ehemaligem Haus in der Ustrońska, der früheren Ustronerstraße, durften im Gärtchen Brocken der Findlingssteine aufklauben, die Wagners Kinder vor achtzig Jahren dort aufgehäuft hatten, und kamen mit den jetzigen Besitzern ins Gespräch. Es stellte sich heraus, dass ihr Eigentumsanspruch offenbar von staatlicher Seite nicht so recht gefestigt war, denn sie erkundigten sich, ob sie uns das Häuschen abkaufen könnten.

Ein anderes Mal wanderten wir hinauf zur Wzgórze Kaplicówka, der Kapelle auf dem Kapellenberg, ein Spaziergang, den Wagner gern mit seiner Frau Camilla unternommen hat.

Nach dem Abstieg vom Kapellenberg muss man auf dem Rynek am Ratusz, dem barocken Rathaus, das Bild des Heiligen Jan Sarkander betrachten, der 1576 in Skotschau geboren wurde, und über dessen Leben Wagner so manche Geschichte zu erzählen wusste. Über die schrecklichen Ereignisse, die Schlesien im Dreißigjährigen Krieg heimsuchten und die Sarkander, einen katholischen Pfarrer, das Leben kosteten. Uns fällt schwer, die Parallelität mit Wagners Schicksal nicht zu sehen.

Sarkander wurde 1859 von der päpstlichen Kurie in Rom selig gesprochen, und 1995 hat ihn der polnische Papst Johannes Paul II. sogar als Märtyrer heiliggesprochen. Die evangelische Kirche kennt keine Heiligen, solche Ehrungen sind für Pfarrer Wagner also nicht zu erwarten.

Doch auf dem Turm der Erlöserkirche in Bielsko-Biała wurde 2017 das Emblem von Pastor Dr. R. E. Wagner, hergestellt aus polychronem Holz angebracht (*Wagner wiki*). Wagner verwendete dieses Zeichen als Verlagszeichen in den meisten seiner bibliophilen Veröffentlichungen und Drucke. Das Zeichen kombiniert mehrere Symbole: eine lutherische Rose, ein weißes Pentagramm (im Christentum ein Spiegelbild des Heiligen, ein Symbol der fünf Wunden Christi, und im Judentum ein Symbol der Wahrheit und fünf heiliger Bücher), eine Schlange, die ihren eigenen Schwanz frisst – Uroborosa (ein Symbol der Unendlichkeit), fünf Kornblumen (ein Symbol für Christus und das Paradies), eine Eule, die auf einem Buch sitzt (ein Symbol für Wissen, Weisheit, Einsicht und Gelehrsamkeit) und sein Motto:

Erweise Dich! Harr aus! Beeil Dich! Sei ein Mann!

22 *Erweise Dich ! Harr aus ! Beeil Dich ! Sei ein Mann!* Aus: R. E. Wagner, Der Bielitzer Zion in den Predigten seiner Pastoren 1782–1921.

Meine Mutter, Hedda Vogl, berichtet, dass Wagner an Sommerabenden, die Zigarre im Mund, mit seinem Freund Sittek, der in seinem Heimatstädtchen Urlaub von seinem Dienst als Französischlehrer an einem Wiener Gymnasium machte, über den Rynek spaziert ist. Damals stand in der Platzmitte noch eine Sarkander-Statue, nach dem 2. Weltkrieg wurde sie an eine andere Stelle verpflanzt. Der Rynek ist heute wieder wie damals ein gemütlicher autofreier Stadtplatz, ringförmig von Bürgerhäusern eingefasst und darum auch hier in Skotschau wie in vielen Städten des östlichen Mitteleuropas und bis weit nach Russland hinein eben Ring oder polnisch Rynek genannt. Wir stellen uns die beiden Freunde vor, und wir plaudern auf einer Bank mit Skotschauern in einer Mischung aus Deutsch und Englisch.

Nach einem Essen im ehemaligen Wirtshaus von Wagners Mutter steigen wir in unser Auto und sind in kaum vier Stunden wieder in Wien. Europa ohne wahrnehmbare Grenzen, ohne argwöhnische aufdringlicher Zöllner, ganz anders als bei unserem ersten Besuch vor 50 Jahren. Fast wie in Wagners Traum.

Verwendete Literatur

BBC … Richard Ernst Wagner, *Das Buch der Bielitz-Bialaer Chronika*, Historische Gesellschaft für Posen, Posen/Poznan, 1938.

Beeler Psalter … Richard Ernst Wagner, *Der Beeler Psalter. Die Bielitz-Bialaer deutsche mundartliche Dichtung*, Verlag der Kattowitzer Buchdruckerei und Verlags-Sp. Akc, 1935.

BZ … Richard Ernst Wagner, *Der Bielitzer Zion in den Predigten seiner Pastoren 1782–1921*, Verlag W. Fröhlich, Bielitz/Bielsko 1921; 1995 neu herausgegeben von der Deutschen gesellschaftlich-kulturellen Vereinigung „Beskidenland" in Bielsko-Biała (Bielitz-Biala).

Chojecka … Ewa Chojecka, *Architektura i urbanistyka Bielska-Białej do 1939 roku (Architektur und Stadtplanung von Bielitz-Biala von den Anfängen bis zum Jahr 1939)*, Bielsko-Biała, 1994.

Chromik … Gregorz Chromik, *Geschichte des deutsch-slawischen Sprachkontaktes im Teschener Geschichte Schlesien*, Open Access Schriftenreihe der Universitätsbibliothek Regensburg, 2018, https://epub.uni-regensburg.de/37746/1/Chromik_final.pdf; abgerufen am 12.2.2023.

EKBB … *Ewangelicki Krajobraz Bielska-Białej (Die evangelische Landschaft von Bielitz-Biala)*, herausgegeben von Ewa Chojecka, Piotr Kenig, Bp. Jan Szarek, Jan Wiencek, Bielsko-Biała, 2019.

Gruschka … Gerhard Gruschka, *Zgoda, ein Ort des Schreckens, 2. Auflage*, ars una Verlagsgesellschaft, Neuried 1997.

Kuhn … Walter Kuhn, *Geschichte der deutschen Sprachinsel Bielitz (Schlesien)*, Holzner Verlag, Würzburg 1981.

Kuhn, BER … Walter Kuhn, *Bielitzer Evangelischer Rundbrief* 43, 12, 1975.

Magier … *Die Geschichte der Juden in Bielsko, übersetzt von Sara Magier.* https://www.jewishgen.org/yizkor/bielsko_biala/bie009.html; abgerufen am 12.2.2023.

O. A.: Historia Bielska-Białej. https://pl.wikipedia.org/wiki/Historia_Bielska-Białej; abgerufen am 12.2.2023.

O. A.: Jews in Bielsko-Biała. https://www.wikiwand.com/en/Jews_in_Bielsko-Biała; abgerufen am 12.2.2023.

O. A.: Richard Ernst Wagner. https://pl.wikipedia.org/wiki/Richard_Ernst_Wagner; abgerufen am 12.2.2023.

ORF … ORF Dimensionen, Gabriele Anderle, *Bielitz. Klein-Wien in Oberschlesien* 2010.

Pioskowik … Stefan Pioskowik, *Oberschlesische Stimme* 12/259, 3, 2012.

PZR … *Pod znakiem róży nad Białą (Im Zeichen der Rose über der Bialka)*. Katalog der Ausstellung anlässlich des 500. Jahrestages der Reformation, herausgegeben von Piotr Kenig, Grzegorz Madej, Bezirksmuseum in Bielsko-Biała, 2020.

SO ... *Skotschau in Ostschlesien*, herausgegeben von K. W. NEUMANN, als Manuskript gedruckt 1984.

SORS ... *Spezial-Orts-Repertorium von Schlesien 1880,* Verlag der K. K. Statistischen Central-Kommission, Wien 1885; *Spezialortsrepertorium der österreichischen Länder 1910, XI. Schlesien,* Verlag der K. K. Hof- und Staatsdruckerei, Wien 1917.

SZ ... *Schlesische Zeitung,* 23. Februar 1936.

Nachwort

Ich habe als Hochschullehrer meine Mitarbeiter und Mitarbeiterinnen zu einem guten Teil aus Südpolen rekrutiert, einerseits, weil dort in meiner Wissenschaft sehr gut ausgebildete strebsame Studenten zu finden waren, andererseits aus Verbundenheit mit der Region, in der ich geboren bin.

Ich habe unter den jüngeren von ihnen zuweilen ein erstauntes Unwissen darüber gefunden, dass Schlesien deutsch war, ja dass es deutsche Sprachinseln nahe Krakau gegeben hätte. Der national-polnische – kommunistische Schulunterricht hatte die Geschichte umgeschrieben. Wenn ich beiläufig erzählte, dass mein Großvater Wagner, ein evangelischer Pfarrer, in einem polnischen Lager umgekommen war, dann war das Missverstehen vorprogrammiert. Ob er jüdischer Herkunft gewesen sei. Nein, in einem polnischen KZ, in dem Menschen zu Tode gebracht worden seien, nur weil sie deutschsprachige Altösterreicher waren. Aber, das sei doch gar nicht möglich. Vielleicht von den Russen. Nein, nein, es war ein polnisches Lager. Schock und Unglauben auch dem sonst geachteten und kameradschaftlichen Lehrer gegenüber. Sie müssten doch einmal ihre Eltern fragen. Und dann: ja die Eltern hätten da offenbar ein Problem …

Heute kann auf beiden Seiten offen gesprochen werden. Der Nationalismus des 19. und 20. Jahrhunderts geht zumindest in diesem Teil Europas seinem Ende entgegen (tot ist er beileibe noch nicht). Besinnung auf die interessanten Unterschiede, die unser Europa so lebenswert machen, können und sollten thematisiert werden. Und man sollte sich der Vergangenheit, der Geschichte stellen. Sie ist in Mittel-Osteuropa besonders interessant, denn über die Jahrhunderte herrschte hier ein Kommen und Gehen der Bevölkerungsgruppen.

Als ein renommierter polnischer Kollege vor einigen Jahren mir sagte: „*Ich habe dies nicht für möglich gehalten, aber Du hast recht gehabt, wir in Südpolen haben von den deutschen Städten im späteren Mittelalter profitiert*“, da merkte ich, dass europäische Geschichte heute nicht mehr so leicht gelöscht werden kann, wie es die Römer mit ihrem etruskischen Erbe taten. Selbst die wenigen deutschen Inschriften, die nicht wie die meisten von ihnen von den Grabsteinen ausgemeißelt wurden, um die Geschichte zu „löschen", werden aufgesucht und gefunden – es sieht fast so aus, als wäre europäische Verständigung kein leeres Wortgeklingel mehr.

Der Ostteil von Österreichisch Schlesien, das „Beskidenland", war schon als Ganzes ein außergewöhnliches Völkergemisch. Eher ein Sprachengemisch, denn in Europa von verschiedenen Völkern zu sprechen, ist ein Ergebnis (leider noch kein Relikt) der Nationalismen des 19. Jahrhunderts. Zwar trennen verschiedene Sprachen, weil an den Sprachen die Kultur hängt, aber gerade im Beskidenland konnte fast jeder, fast jede wenigstens etwas Polnisch und Deutsch, und es war eher eine soziale Trennung in der Gesellschaft, doch soziale Trennungen gibt es genauso in einsprachigen Gesellschaften.

Bielitz-Biala war nicht nur sprachlich weit ins 19. Jahrhundert hinein fast rein deutschsprachig und 1910 immer noch zu 85 Prozent, es hatte bis ins 19. Jahrhundert hinein auch eine überwiegend evangelische Bevölkerung. Seine Bürger hatten die sonst überall von den Habsburgern durchgesetzte Rekatholisierung ihrer nach der Reformation fast ganz lutherisch gewordenen Länder im Geheim-Protestantismus „durchtunnelt" und waren mit Josef II. Toleranzpatent 1781 offen zum Luthertum zurückgekehrt. Diese Resilienz, die es sonst nirgendwo außer in abgelegenen Gebirgstälern in den habsburgischen Ländern gab, war vielleicht der Grenzlage von Bielitz geschuldet, der östlichsten Stadt des Römisch-deutschen Reichs seit 1327, also „weit vom Schuss", zugänglich für Prädikanten aus den zeitweise religiös liberaleren Nachbarländern Ungarn und Polen.

Reicht dies zur Erklärung des resilienten Protestantismus? Eher ein kleines Wunder, diese sture Beharrlichkeit einer ganzen Stadt und ihres Umlandes.

Dass Wagner – in der Erwartung, wohl eher Befürchtung – des allmählichen Untergangs dieser evangelisch-deutschen Insel sich der Dokumentation ihres Werdens, ihrer Geschichte, verschrieb, ist verständlich, wenn auch trotzdem ein Glücksfall. Eine Verpflichtung dazu hatte er als Pfarrer ja nicht, es war viel mehr eine Bürde, wenn auch eine, die ihm Freude bereitete. Dass das Ende so abrupt-brutal sein würde, hat er selbst in leidvoller Erfahrung der beiderseitigen seit dem Ende des 19. Jahrhunderts und ganz extrem in der Zwischenkriegszeit und im 2. Weltkrieg zur Hochblüte gelangenden Nationalismen und Chauvinismen nicht erwartet.

Dass Bielitz sich langfristig nicht als evangelisch-deutschsprachige Insel würde halten können, folgt schon allein aus seiner wirtschaftlichen Anziehungskraft: Beim Aufblühen der Tuchindustrie dieser agilen Stadt und ihrer Nachbarstadt Biala wanderten zuerst Menschen aus dem evangelisch-deutschsprachigen Umland zu, aber mit dem weiteren Wachsen der Industrie auch aus der überwiegend katholisch-polnischsprachigen weiteren Umgebung. Wagner wollte als Liberaler die Synthese, die Symbiose, wie er wiederholt schreibt (*BBC, Beigaben*). Dabei zugleich den Protestantismus mit mehr als 400-jähriger Tradition und das 700 Jahre alte Deutschtum seiner Schäflein nicht untergehen lassen sondern verteidigen – durchaus im Zusammenleben. *„Deutsche und Polnische einander loyal näherbringen!"* (*BBC, Beigaben*). Wagners Anspannung in seinen zähen aber gegen die nationalistischen a-liberalen Behörden häufig erfolglosen Bemühungen bewirkten, dass auch Wagners Liberalität bröckelte; bei starkem Gegenwind stemmt man sich stärker dagegen, wenn man weitergehen will. Wagner war geprägt vom Protestantismus, dem Widerstand gegen die Gängelei von oben, sein Wahlspruch war „… Harr aus, …, Sei ein Mann!" Wagner selbst begreift Evangelisch-sein als Protestantismus, Widerstreben, auch Zweifeln gegenüber der bestimmenden „Wahrheit" der Amtskirche, auch seiner eigenen.

Wagner meinte, mit seiner klaren Haltung immer noch ein gedeihliches Zusammenleben der Sprachgruppen (der „Nationen", horribile dictu) erreichen zu können. *„Unsere deutsch-polnisch-ostschlesische Kultur ist ein seit vielen Jahrhunderten hier Gewordenes"* schreibt er in den *Beigaben* zum *Buch der Bielitz-Bialaer Chronika* 1931. Dass er sich mit seiner Beharrlichkeit Feinde schuf, die ihn nicht verstanden oder nicht verstehen wollten, ihn wohl als Speerspitze der evangelisch-deutschen Beharrlichkeit ansahen, hat er nicht in letzter Konsequenz erkannt – er war überzeugt vom Ideal und der Möglichkeit des Zusammenlebens im Beskidenland –, dies hat ihn, den mutigen Kämpfer für seine Gemeinde, das Leben gekostet.

Und eine Seite vorher schreibt Wagner (*BBC, Beigaben*): *„Unser Traum: ein Gebäude in der Stadt zentral gelegen, hätte … erworben werden sollen. Dort* *die öffentliche Lesehalle. Dort die musealen Sammlungen. Dort der Sitz der Gesellschaft zur Heimatforschung in Ostschlesien! Diese Gesellschaft auf breitester Basis: deutsche und polnische Intelligenz einander loyal näherbringen; gemeinsame Ziele schaffen gemeinsames Arbeiten: ehrliche Arbeitsgemeinschaft verbürgt gegenseitiges Sich-verstehen durch Sich-achten-lernen!*"

Heute wird Wagner wiederentdeckt: seine Dokumentation der Bielitzer Geschichte, ganz besonders der evangelischen Geschichte von Bielitz, ist eine der Grundlagen, auf der die Fundamente der polnischen evangelischen Bielitzer Gemeinde stehen.

Die Geschichte von Bielitz und ihres Pfarrers könnte als Anregung dienen, die Vielfarbigkeit der Welt, hier insbesondere Europas, zu erhalten oder wenigstens das Interesse dafür wieder ins Bewusstsein zu rufen.

Dank

Wenn meine Erinnerungen aussetzten, dann habe ich meine Schwester, Dr. Mechthildis (Dissi) Krammer angerufen, und wir haben gemeinsam ausführlich geredet und nachgedacht, wie die ergiebigen Aufzeichnungen meiner Mutter, Hedda Vogl, einzuordnen wären in das Gesamtbild des untergegangenen Österreichisch Schlesien und in das Bild, das ich von meinem Großvater, Richard Ernst Wagner in dieser Schrift zeichne. Meiner Schwester gilt daher mein erster Dank.

Sehr dankbar bin ich der Evangelischen Gemeinde von Bielsko-Biała für die Gespräche über meinen Großvater, ganz besonders dem leider 2020 an Corona verstorbenen emeritierten Bischof von Polen, Dr. Jan Szarek, mit dem ich mich sehr gern weiter über Bielitz in der Zwischenkriegszeit unterhalten hätte. Piotr Kenig und Frau Professor Dr. Ewa Chojecka haben in Bielsko-Biała Entscheidendes geleistet, dass die Geschichte dieser Stadt nicht in Vergessenheit gerät. Für zahlreiche Fotos aus ihren Werken, die ich benutzen durfte, danke ich herzlich.

In den Schriften von Dr. Stefan Pioskowik, der mit poetischem Geschick die oberschlesische und die ehemals österreichisch ostschlesische Vergangenheit aber auch deren Gegenwart beschreibt, habe ich auch so manches mir bis dato Unbekannte über meinen Großvater gefunden.

Gerhard Gruschka hat mit seinem Bericht aus dem Lager Zgoda, in dessen Mühlen er 1945 als Vierzehnjähriger geriet – und die er wie durch ein Wunder überlebte – mir in dieser Härte vorher nicht bekannte Hintergrundinformation zu den letzten Lebenswochen von Pfarrer Richard Ernst Wagner geliefert.

Frau Mag. Irene Beckmann danke ich für zahlreiche Ratschläge zu Details der Darstellung und für die kompetente Bearbeitung der Bilder meiner Tochter Ronja Vogl.

Die Geduld meiner Frau Senta Vogl wurde durch meine jahrelange Recherche über meinen Großvater auf eine harte Probe gestellt – sie hat's durchgehalten. Dank auch ihr.